LE PERE DE FAMILLE,

COMEDIE

En trois Actes & en Profe,

PAR

M. le Docteur CHARLES GOLDONI,
*ancien Avocat au Parlement
de Venife.*

Traduite de l'Italien en François.

Par M. ********.

───────────────

Afinorum autem & mulorum ingenium in eo
cernitur quod . . . . raro nec libenter
desinanr.

Hieronymus Vida de arte Poëtica.

A AVIGNON, 1758.

Et fe vend à LIEGE chez ETIENNE BLEICHNARR,
fous les Piliers, à l'Image de S. Potentien.

A MADAME
LA PRINCESSE
DE ******.

ADAME,

VOUS m'ordonnez de traduire le PERE DE FAMILLE, Comédie de l'illuſtre Goldoni. Rien ne prouve mieux la délicateſſe de votre goût (qui n'eſt d'ailleurs conteſtée de

EPITRE.

vignon, vous confacreroit un monument digne de vous.

Mais je fens que je m'éleve au-deffus de mes forces & de vos ordres.

Je fuis donc avec le plus profond respect,

MADAME,

Votre très - humble , & très-obéiffant ferviteur ✶ ✶ ✶ ✶ ✶ ✶ ✶

ERRATA.

Que le Lecteur est prié de corriger dans le Pere de Famille de M. l'Abbé Goldoni : Sçavoir, premierement.

A V I S.

De Messieurs les Editeur & Imprimeur de Liége, au sujet d'une lettre de M. le Traducteur d'Avignon.

Occupés que nous sommes uniquement de satisfaire le Public dans notre vocation & dans la cafe, (pour parler convenablement à notre état) où la providence nous a placés, nous avons imprimé, comme un chacun peut le voir, le *Pere de Famille* de M. le Docteur *Goldoni*, traduit par M. *Huit-Etoiles d'Avignon.* La distance de cette Ville à la nôtre, nous ayant empêché d'envoyer au Traducteur les épreuves de sa traduction ; & nous rapportant

ERRATA.

Au reſte, notre Prote, étant d'ailleurs homme de lettres & de foi, nous ayant avertis que le paſſage cité ne ſe trouvoit point dans *Horace*, que M. *Huit-Etoiles* avoit indiqué pour Auteur, nous avons cru devoir lui ſubſtituer le Poëte *Hieronymus Vida*. On trouvera ſans doute dans ſon Art Poëtique le vers choiſi par M. le *Traducteur d'Avignon*.

En reconnoiſſance de cette importante correction, M. *Huit-Etoiles* nous permettra de ne faire nulle mention des chicanes qu'il nous fait au ſujet des Etoiles de ſon Epître dédicatoire. Il veut, entr'autres, que les huit ſiennes ſoyent beaucoup plus minces. Eſt-ce à nous qu'il faut s'adreſſer pour cela? Pénétrés comme nous le ſommes de ſon mérite, nous ne devons pas être de moitié dans ſa modeſtie. Et à l'égard des ſix Etoiles de Madame la Princeſſe de *Six-Etoiles*, que M. *Huit-Etoiles* ne trouve pas aſſez groſſes, & auxquelles il

ERRATA.

veut qu'on en ajoute une feptiéme ; (nous
ne fçavons pas trop pourquoi ? Comme fi
fix étoiles n'étoient pas fort honnêtes ?)
nous l'affurons que nous nous conformerons
à fes défirs, par rapport au nombre & à
la groffeur des étoiles dans une feconde
édition.

Sans nous arroger le moins du monde
le droit de mettre des entraves au génie
des Auteurs, qu'il nous foit permis de
remarquer la fage œconomie de Monfieur
l'Abbé *Deux-Points*, Chanoine de l'E-
glife de S. Luc, & Traducteur du *Véritable Ami*. En accordant à Madame la
Comteffe de *Trois-Points*, fous les auf-
pices de laquelle il a jugé à propos de
publier fon ouvrage, trois points d'une
groffeur raifonnable ; il n'en a pris que
deux pour fa perfonne. Nous ofons avan-
cer avec confiance, que M. le *Traducteur
d'Avignon* eût mieux placé fa modeftie
dans le nombre, que dans la groffeur

ERRATA.

des étoiles. Mais après en avoir pris huit pour lui-même, M. *Huit-Etoiles* paroît n'avoir que trop senti la difficulté de porter les étoiles de Madame la Princesse de *Six-Etoiles* à un nombre fort supérieur aux huit siennes.

Quoiqu'il en soit, & en rendant justice au mérite de M. *Huit-Etoiles*, notre reconnoissance nous oblige de déclarer que M. l'Abbé *Deux-Points* ne nous a chicané, ni sur la forme, ni sur le nombre des points & des étoiles dont il a eu besoin, & qu'en vertu de ses procédés avec nous, nous ne pouvons nous dispenser d'être persuadés que le susdit Monsieur l'Abbé *Deux-Points* est d'une humeur beaucoup plus aisée, & d'un caractere infiniment plus facile que Monsieur *le Traducteur d'Avignon* avec toutes ses étoiles.

NB. A l'article *Errata*, ligne deuxié-

ERRATA.

me, lifez *M. le Docteur Goldoni* au lieu
de *M. l'Abbé* Goldoni. Le Lecteur eft
auffi prié de corriger les autres fautes d'im-
preffion dans les Piéces de M. l'Avocat.

PERSONNAGES.

PANCRACE, Marchand.

BÉATRIX, sa femme en secondes nôces.

LELIO, fils de Pancrace du premier lit.

FLORINDE, fils de Pancrace & de Béatrix.

M. le Docteur GERONTE.

ROSAURE, fille de Geronte.

ELEONORE, autre fille de Geronte.

OCTAVE, Précepteur des enfans de Pancrace.

COLOMBINE, servante chez Pancrace.

ARLEQUIN
ET
TRASTULLE, } Valets de Pancrace.

TIBURCE, Marchand

LE
PERE DE FAMILLE.

COMEDIE.

ACTE PREMIER.

SCÈNE PREMIÈRE.

Le Théatre repréfente une chambre dans la maifon de PANCRACE. On voit deux tables d'étude, avec des livres, du papier & une écritoire.

LELIO *devant une table, où il étudie.*

FLORINDE *devant l'autre, où il écrit.*

OCTAVE *qui préfide à l'une & l'autre de ces occupations.*

OCTAVE *à* LELIO.

Tete dure, oui, dure comme le marbre.

LELIO.

Vous avez raifon, Monfieur; je fuis un peu

A

dur de cervelle. Je mets du tems à saisir les choses ; mais lorsque je les tiens une fois, vous sçavez que je ne vous fais pas deshonneur.

OCTAVE.

Le bel honneur que vous me faites ! Ignorantasse ! Voyez un peu votre frere. Il est beaucoup plus jeune que vous, & il apprend mille fois plus facilement.

LELIO.

Il est bien heureux d'avoir cette facilité. Pour moi, je sçais que je sue & que je fatigue. . . . Je n'ai pourtant pas vu de grands prodiges de ses rares talens. Il se fait bien valoir ; mais je crois qu'il en sçait beaucoup moins que moi.

OCTAVE.

Insolent ! Impertinent !

LELIO à part.

Puisses-tu t'en aller au diable, & te rompre le col !

OCTAVE.

Or ça : je vais revoir le travail de Florinde, qui sera, je m'imagine, très - bien fait. Vous, cependant, vous résoudrez l'exemple d'Arithmétique, que je vous ai donné, Faites ensorte que M. Pancrace soit content de vous.

L E L I O.

Mais cette queſtion demande du tems, & de la pratique. Je ne ſçais trop ſi je pourrai m'en tirer ſans votre ſecours.

O C T A V E.

La propoſition eſt claire. Vous ſçavez les régles ; rêvez, travaillez, & ne m'importunez plus.

L E L I O *à part.*

Quelle dureté ! Quelles manieres rudes & rebutantes ! J'ai tant d'antipathie pour ce maître, qu'il eſt impoſſible que j'apprenne la moindre choſe ſous lui. Je vais pourtant eſſayer. Je le fais, par rapport à mon pere. Je ne veux pas le fâcher, ni lui faire croire que je ſuis un diſciple revêche, inappliqué, comme on ne ceſſe de le dire. (*Il ſe met à écrire & à calculer.*)

O C T A V E *s'approche de la table de Florinde, & s'aſſied à côté de lui*

Eh bien, mon cher petit Florinde, comment cela va-t-il ? N'avez vous beſoin de rien ?

F L O R I N D E.

Et, mon cher maître, de grace, laiſſez moi.

O C T A V E.

Si vous avez beſoin d'être aidé, je ſuis ici plein de zèle & d'amitié pour vous. Madame votre mere vous a ſpécialement recommandé à mes ſoins.

A ij

FLORINDE.

Oh! je le fçais bien, mon cher maître; elle vous a dit de ne pas me fatiguer trop, de ne pas me gronder, ni me dégoûter.

OCTAVE.

Comment fçavez-vous cela, mon fils?

FLORINDE.

Par le Domeſtique de la maiſon, qui l'a entendu.

OCTAVE à part.

Voyez l'imprudence des meres, de tenir ces diſcours devant leurs domeſtiques.

FLORINDE.

Mon cher maître, je vous dis encore de me laiſſer en repos pour ce moment.

OCTAVE.

Mais peut-on ſçavoir ce que vous écrivez?

FLORINDE.

Non, Monſieur; je fais une choſe à laquelle vous n'avez rien à voir.

OCTAVE.

Vous pouvez vous fier à moi.

FLORINDE.

Non, non; ſi vous le ſçaviez, vous le diriez à mon pere.

OCTAVE.

Je ne ferai jamais cette vilaine action.

FLORINDE.

Si je pouvois me fier à vous, je vous deman-
drois encore votre affistance.

OCTAVE.

Oui, mon cher Florinde; oui, prenez confiance en moi, ne craignez rien. Dites - moi,
avez-vous du tabac ?

FLORINDE.

Oui, en voilà. *Il tire fa tabatiére de fa poche.*

OCTAVE.

Mettez-en un peu dans ma boëte. Bon , vous
n'en prenez pas ; verfez-le tout.

FLORINDE.

Volontiers ; le voilà tout.

OCTAVE.

Oh, le brave garçon! Bon ; dites-moi ce que
vous fouhaitez.

FLORINDE.

J'étois , à vous dire vrai , occupé à écrire une
lettre d'amour.

OCTAVE.

Une lettre d'amour ? Ah jeuneffe , jeuneffe !
Cela fuffit. Mais étoit - ce à bonne ou mauvaife
fin ?

FLORINDE.

Oh ! à fort bonne.

OCTAVE.

En ce cas, voyons-la. *Il prend la lettre.*

A iij

FLORINDE.

Je voudrois que vous la corrigeassiez, où elle
en a besoin.

OCTAVE.

Oui, mon fils, je la corrigerai. *Il lit tout bas.*
Eh ! le commencement n'est pas mal.

LELIO.

Monsieur, j'ai trouvé une difficulté, que je ne
sçaurois résoudre sans votre secours.

OCTAVE.

Je n'ai pas le tems de m'amuser maintenant. Il
faut que je revoye la leçon de Florinde.

LELIO.

Convertir les livres de la banque de Venise,
en écus de la banque de Gênes, & réduire ces
deux monnoyes au pair des deux places : voilà
une chose que je ne sçais pas faire.

OCTAVE *bas à* FLORINDE.

Cette expression pourroit être un peu plus tendre ; où vous dites , *je vous aime* , il faudroit
ajouter, *de tout mon cœur.*

FLORINDE.

C'est bon, c'est bon ; rendez-la moi.
(*Il reprend la lettre , pour ajouter ces paroles.*)

LELIO *à* OCTAVE.

Vous ne m'écoutez pas , Monsieur.

OCTAVE.

Je suis occupé auprès de votre frere. Voyez, dès que je lui suggére la moindre chose, il la fait tout de suite. Il a le plus beau naturel du monde.

LELIO *à part.*

Il faut donc que je sue comme une bête de somme. Vouloir que j'apprenne, & ne point m'enseigner? Autant vaudroit être à l'école du diable.

FLORINDE.

Et le reste de la lettre vous paroît donc bien?

OCTAVE.

Oui, fort bien. Mais ajoutez au bas : *très-fidéle jusqu'à la mort.*

FLORINDE *en écrivant.*

Oui, oui, *jusqu'à la mort.*

OCTAVE.

Quelle pénétration à son âge ! Que cet enfant a d'esprit !

LELIO.

Non, Monſieur, je ne l'ai pas finie.

OCTAVE.

Je vous la ferai bien achever par force.

BEATRIX.

Bon, preſſez-moi ce bardot.

FLORINDE.

Eh, ma chere mere, ne chagrinéz pas mon pauvre frere ! Et vous, Monſieur, ayez quelque pitié de lui ; s'il eſt ignorant, il apprendra.

LELIO.

Oh, Monſieur le merveilleux, je vou s remrcie de vos bons offices ! Pour moi, je te connois. Va, fourbe, hypocrite.

BEATRIX à FLORINDE.

Ô la maudité langue ! Allons, allons, ne lui réponds rien, ne te mets pas en colére, mon petit cœur ; cela t'échaufferoit le ſang. Viens, cher ami, viens, je m'en vais faire le chocolat.

FLORINDE.

Ma chere mere, que je vous baiſe la main. *bas à Béatrix.* J'aurois bien beſoin de deux ſequins.

BEATRIX.

Oui, viens ; je te donnerai tout ce que tu voudras. C'eſt mon ſang, cela ne ſuffit-il pas ? *Elle s'en va.*

FLORINDE.

Sans la bonté de ma mere, je n'aurois pas de quoi me divertir, ni jouer à ma fantaifie. Mon pere eft trop févére. Oh, parlez moi des meres ! Ce font elles qui font commodes pour les enfans.

SCENE III.

OCTAVE, LELIO, *enfuite* PANCRACE.

OCTAVE.

EH bien, Monfieur Lélio, comment va ce compte ?

LELIO.

Mal, fort mal, on ne peut pas plus mal.

OCTAVE.

Et pourquoi ?

LELIO.

Parce que je ne fçais pas le faire.

OCTAVE.

Voyez fi vous n'êtes pas une grande bête ! C'eft-à-dire, que vous êtes comme les ancres qui font quafi toujours dans l'eau, fans jamais apprendre à nager.

LELIO.

Mais comment voulez-vous que je faffe la fupputation de ces monnoyes, fi vous ne m'avez pas dit, quelle eſt la valeur des écus de Gênes ?

OCTAVE.

Vous êtes un ignorant. Je vous l'ai dit cent fois.
Pancrace entre, & s'arrête pour écouter.

LELIO.

Il ſe peut que vous me l'ayez dit, mais je ne
m'en ſouviens pas.

OCTAVE.

Pourquoi êtes-vous une buche ?

LELIO.

Soit. Mais redites le moi, je vous prie.

OCTAVE.

Quand j'ai dit les choſes une fois, je ne les ré-
pète pas.

LELIO.

Mais comment faut-il donc faire ?

OCTAVE.

Ou finir ce compte, ou reſter là.

LELIO.

Oh, pour le compte, c'eſt inutile.

OCTAVE.

Vous ne ſortirez donc pas d'ici.

LELIO.

Mais après tout, je ne ſuis pas un petit garçon,
pour qu'on me maltraite ainſi.

OCTAVE.

Vous êtes un âne.

LELIO.

Je vous jure, que fi vous me manquez de refpect, je vous jetterai cette écritoire à la tête.

OCTAVE.

A moi cette....

LELIO.

'A vous-même, fi vous ne m'en croyez pas.

OCTAVE.

Ah fcélérat! ah indigne!

(*à PANCRACE qui fe met entre eux deux.*)

Avez-vous entendu les belles expreffions de Monfieur votre fils? Il veut me jetter fon écritoire à la tête. Voilà ce que l'on gagne à vouloir élever la jeuneffe avec zèle & avec foin.

LELIO.

Mais, mon pere.....

PANCRACE.

Taifez-vous, Monfieur l'étourdi; c'eft votre maître, & vous devez lui porter du refpect.

LELIO.

Mais, fi ...

PANCRACE.

Mais, fi; mais, fi .. qu'avez-vous à dire? Le gouverneur eft une perfonne qui eft comprife dans le nombre de nos fupérieurs, & qu'il faut refpecter

& écouter autant qu'un pere & une mere. Il y a
même des circonftances où il faut lui obéir plutôt qu'aux parens mêmes. Car enfin ceux-ci peuvent quelquefois fe laiffer aveugler par un excès
de tendreffe, ou par quelque autre paffion; au
lieu que des maîtres fages, difcrets & fçavans,
ne travaillent jamais que pour le bien & le profit
de leurs éleves.

L E L I O.

Si Monfieur Octave étoit de ces maîtres-là...

P A N C R A C E.

Ce n'eft pas à vous à en juger. Votre pere vous
l'a donné pour gouverneur, & vous lui devez une
déférence aveugle. Il n'appartient qu'à moi de
fçavoir fi c'eft un homme capable d'élever mes enfans; & vous, fi vous avez l'audace de parler,
& de ne pas faire votre devoir, je vous punirai de
façon, que vous vous en fouviendrez tout le tems
de votre vie.

L E L I O.

Mais, mon pere, ayez la bonté de me laiffer
dire mes raifons.

P A N C R A C E.

Il n'y a point de raifon qui tienne. Il eft le gouverneur, & vous le difciple. Je fuis le pere, &
vous le fils. Je commande & lui auffi. Qui n'obéit
pas à fon pere, à fon maître, eft un rebelle, un
indigne, un infolent.

Lelio.

Il faut donc...

Pancrace.

Sortez d'ici.

Lelio.

J'ai à finir...

Pancrace.

Sortez, vous dis-je.

Lelio.

Patience! *à part.* Il est bien affreux pour un pauvre enfant, d'avoir à souffrir toutes les bisarreries d'un misérable maître.

SCENE IV.

OCTAVE, PANCRACE.

Octave.

Fort bien, Monsieur Pancrace, courage, courage! Vous êtes réellement un pere sage & prudent.

Pancrace.

Mon fils s'en est allé; nous voilà seuls, & personne ne nous écoute. Monsieur Octave, avec votre permission, vous êtes un mauvais Précepteur; & si vous ne changez de systême, vous ne demeurerez plus long-tems chez moi.

OCTAVE.

Comment, Monfieur, en quoi pouvez-vous donc vous plaindre de moi ?

PANCRACE.

J'ai été affez long-tems là derriere, & j'ai entendu de quelle belle maniere vous donniez vos leçons. Ecoutez, mon cher Monfieur, avec la jeuneffe, il faut quelquefois ufer de rigueur : mais les bonnes façons, la patience, la douceur, font les meilleurs moyens d'élever un jeune homme. Quand on remarque dans un écolier de l'obftination, ou qu'il ne profite pas, faute d'application, alors on peut employer le bâton, avec difcrétion cependant ; mais fi les fautes viennent d'ignorance, de peu d'efprit ou d'incapacité, alors il faut le traiter amicalement, l'aider avec bonté, le confoler, l'animer, l'encourager, & faire enforte qu'il travaille, pour gagner la bienveillance d'un maître indulgent, & non pour éviter les coups comme un efclave.

OCTAVE.

Vous avez raifon, je fuis de votre avis. Mais ce Lélio me fait perdre patience.

PANCRACE.

Oh, fi vous ne fçavez pas avoir de la patience, ne vous mêlez pas d'être Précepteur ! Nous autres pauvres peres, nous mettons nos enfans entre vos mains; & c'eft de votre éducation que dépend la bonne ou mauvaife réuffite des enfans. Avec ceux qui ont l'efprit moins ouvert, il faut redoubler d'attention. On trouve affez de ces maîtres publics, qui ont une troupe d'écoliers ; mais ils donnent tout leur tems & leurs foins à ceux qui ont le plus de facilité pour apprendre ; foit que cela diminue leurs peines, foit que l'honneur que leur fait un bon écolier, les achalande & augmente leur profit; & puis il vous laiffent dans un coin tous ces pauvres enfans, qui, pour avoir moins d'aptitude, n'en auroient que plus befoin de fecours. C'eft pour cela que j'ai réfolu de prendre un maître chez moi, afin qu'il fe livrât tout entier à l'avancement de mes deux fils, & qu'il les inftruisît avec bonté.

Si vous ne voulez pas, fi vous ne fçavez pas enfeigner, fi vous n'avez pas de patience, parlez-moi clairement, & ne me trompez pas : car fi mes enfans perdent leur tems par votre faute, vous ferez refponfable à Dieu & envers moi de leur ignorance ; & vous feriez obligé de reftituer le pain que vous auriez mangé chez moi fans le gagner.

Octave.

J'ai toujours fait mon devoir à cet égard ; je ne cefferai de le faire. Vous n'avez rien à dire, je crois, fur ma conduite. Je ne leur enfeigne que

B

de bonnes maximes, & s'ils vouloient les fuivre, vous auriez-là dèux enfans qui feroient deux modéles d'éducation.

PANCRACE.

S'ils ne font pas leur devoir, s'ils ne vous obéiffent pas, dites le moi : mais ne foyez pas fi févére avec eux. Je veux qu'ils vous refpectent fans vous craindre. Quand un écolier eft épouvanté de fon maître, il le regarde comme un ennemi : mais quand on fçait prendre un enfant par la douceur, on en tire tout ce qu'on veut. Il faut quelquefois récompenfer, accorder quelque relâche, quelque divertiffement honnête. C'eft ainfi que les enfans s'attachent à leur devoir par vertu, qu'ils étudient avec plus de goût, & qu'ils apprennent plus facilement : c'eft par-là qu'ils deviennent la gloire de leurs maîtres, la confolation de leurs peres, le foutien des familles : le public s'enrichit, & le monde fe peuple de gens de bien & d'hommes vertueux.

OCTAVE.

Je vous protefte, Monfieur, que je n'épargnerai point mes peines pour l'éducation de vos fils & de tous les deux ; mais ce Lélio eft opiniâtre, altier, intraitable : Florinde au contraire eft docile, refpectueux, foumis.

PANCRACE.

J'ai de la tendreſſe pour tous les deux : ils ſont également de mon ſang, & ce que je ſens pour l'un, je le ſens auſſi pour l'autre. Je hais & j'abhorre la bêtiſe de ces peres, qui ſe prennent d'amour pour un de leurs enfans, & ſe ſoucient peu de l'autre. Florinde eſt plus docile ; Lélio, plus altier. Eh bien ! je ſuis plus ferme avec le premier, plus doux & plus careſſant avec le ſecond. La docilité de l'un, me dis-je quelquefois, s'il continue, pourra devenir confiance : la hauteur de l'autre, ſi je l'irrite, peut devenir haine & dédain. C'eſt ainſi qu'en accommodant mon maintien à leur caractere, je les accoûtumerai à être remplis de reſpect pour moi, comme je ſuis plein de tendreſſe pour eux.

OCTAVE.

Puiſſiez-vous vivre mille ans, Seigneur Pancrace !

PANCRACE.

Et vous deux mille, mon cher Monſieur le Précepteur.

OCTAVE.

Vous êtes fait pour élever la moitié du genre humain.

PANCRACE.

Il me ſuffit que vous ſoyez bon pour mes deux enfans.

OCTAVE.

J'y employerai toute mon attention.

PANCRACE.

Vous ferez votre devoir.

OCTAVE.

Vous n'aurez point à vous plaindre de moi.

PANCRACE.

Ni vous de moi.

OCTAVE.

Je n'épargnerai ni le tems, ni la peine.

PANCRACE.

Et je reconnoîtrai vos peines.

OCTAVE.

A merveille! L'argent est toujours bien employé, quand on le dépense pour le profit de ses enfans. Je ne dis pas que mes attentions augmenteront à proportion de la récompense ; mais je vous réciterai des vers d'un Poëte moderne , qui viennent à propos de ce que nous disons.

» *Donner* n'exprime rien , quand il est au Fu-
» tur.

» Le présent de ce Verbe est le tems le plus sûr:
» C'est ainsi qu'on l'enseigne aux nouvelles écoles;
» A qui sçait bien entendre, il faut peu de pa-
» roles.

SCENE V.

PANCRACE *feul.*

JE ne fuis pas fourd, & j'ai bien entendu. Je fuis homme à payer, à dépenfer; mais auffi à fçavoir bien placer ma dépenfe. Si Monfieur Octave eft maître d'école, je fuis maître de famille. Qui donne fans raifon, dit le proverbe, s'appelle trois fois bon. Je veux tenir encore quelque tems mes enfans fous la direction d'un maître; enfuite je marierai Lélio comme l'aîné. Pour Florinde, je lui ferai faire un tour dans les principales villes de l'Europe; & s'il fe tourne au bien, je le mettrai à la tête de fon bien, que je placerai dans le commerce. Je ne veux pas qu'après ma mort mes enfans foyent en procès fur leur héritage, ni que les gens de Loi faffent aller en fumée le prix de mes fueurs. Je réglerai l'état de mes enfans avant de mourir; je les partagerai felon leur mérite, & tâcherai de les faire jouir en paix & en bonne intelligence de la fortune que je leur deftine... Oh ça, puifque j'en ai le tems, il me faut un peu raifonner avec ce Domeftique nouveau, que j'ai pris ce matin. Quelle mifére! Tous les quinze jours changer de Valets; & pourquoi? à caufe de ma chere

Dame Béatrix. Ah ! j'ai fait la seconde grande sot-
tise, quand je me suis remarié. Je regardai comme
une bonne acquisition, une dot de seize mille
écus ; mais ils m'ont couté cher, puisque c'est aux
dépens du repos & de la tranquillité de mon cœur.
Hola, Trastulle !

SCENE VI.

TRASTULLE, PANCRACE.

TRASTULLE.

Illustrissime.

PANCRACE.

Laissez-là votre illustrissime, & ne m'illustrez
pas plus que je ne veux.

TRASTULLE.

Monsieur me pardonnera ; je suis accoûtumé à
parler ainsi, & je croirois manquer à mon devoir,
si je ne le faisois pas.

PANCRACE.

Vous aurez demeuré chez des Comtes & des
Marquis ; & cela vous aura habitué à illustrer.
Mais je suis marchand, & ne veux point de titres.

TRASTULLE.

J'ai servi des personnes titrées ; mais j'ai aussi
servi des gens qui tiennent boutique, & entr'au-

tres, un boucher & un marchand de fromage,
& de cervelats.

PANCRACE.

Et vous donniez à ces gens-là de l'illuftriffime?

TRASTULLE.

Affurément : furtout les jours de Fête. Toujours de l'illuftriffime.

PANCRACE.

Oh, celle-ci eft vraîment, plaifante! Et eux go-
boient ces titres fans difficulté? Hé?

TRASTULLE.

Comment, le marchand de fromage, après
avoir fait étudier fon fils, croyoit être devenu
grand Seigneur.

PANCRACE.

Si le pere fe rengorgeoit tant, figurez-vous le fils.

TRASTULLE.

Qui? l'illuftriffime Monfieur le Docteur?
Vous allez voir. On faifoit à la maifon du pain
bis; mais pour lui, c'étoit du pain mollet &
frais tous les matins. La famille avoit fon bouilli
& par-ci, par-là, un chapon; mais pour Monfieur le Docteur, il y avoit toujours un pigeon
gras, une bécaffe, une caille. Quand il par-
loit, pere, mere, freres, toute la maifon étoit
bouche beante pour l'écouter. Vouloient-ils
conftater un fait, ou donner la derniere raifon
d'une chofe? Le Docteur l'a dit, difoient-ils;

c'eſt le Docteur qui l'a dit, & cela ſuffit. J'ai
pourtant entendu dire à beaucoup de gens, que
l'illuſtriſſime Monſieur le Docteur n'en ſçavoit
pas long. Mais il a d'ailleurs aſſez bien employé
ſon argent, puiſqu'au moyen de ſon bonnet doc-
toral, ſon pere & ſa mere ſont devenus illuſtriſ-
ſimes ; & ſi j'étois reſté chez eux encore un peu de
tems, moi je ſerois auſſi devenu un illuſtriſſime.

PANCRACE.

Pour moi, je vis à l'antique, & ne m'emba-
raſſe pas de titres ni de ſuperlatifs. Je me contente d'avoir de l'argent dans mon coffre. Avec
de l'argent on dîne ; & l'on jeûne ſouvent avec
des titres. Dites-moi un peu, ſçavez-vous faire
la dépenſe ?

TRASTULLE.

Oh, j'ai toujours fait le dépenſier.

PANCRACE.

Je ne prétends pas que vous ſoyez fort entiché
de ce beau métier. Sçachez, mon ami, que j'ai
des yeux, & qu'il vous ſera difficile de me tromper.

TRASTULLE.

Je vous demande pardon ; mais je ne ſçais de
quoi Monſieur veut parler.

PANCRACE.

Je ſuis très au fait de toutes les fourberies de

Messieurs les maîtres-d'Hôtel ; ils achetent trois livres de viande , & mettent en compte trois livres & un quart. On sert cette viande à table ; & le maître , qui n'est pas un sot, dit : *mais pour trois livres & un quart, en voilà bien peu*. Monsieur le maître, toujours prêt à la répartie, répond : *c'est de la viande qui diminue, ou qui se retire à la cuisson ; ou bien on a ôté les os :* & cela passe. On excroque quelques sols sur le chapon ; & puis on dit : *Monsieur la volaille est d'une grande chereté.* On jette de l'eau dans le vin ; en dérobant un peu ici, & un peu là, de tous ces peu on se fait un beaucoup ; on double son salaire , & en peu de tems, Monsieur le maître se met à même de figurer.

TRASTULLE.

Pour moi , je suis un honnête homme, en qui l'on peut se fier.

PANCRACE.

D'après les informations que j'ai prises chez le compére Pandolfe , je sçais que vous êtes un gar-çon d'honneur & de bien ; mais aujourd'hui , pour paroître honnête homme, il suffit d'être un fripon adroit.

TRASTULLE.

En vérité, si je voulois voler , je ne sçaurois commnt m'y prendre.

PANCRACE.

Dérober, eſt un métier que la nature enſeigne;
& quand on y a pris goûc une fois, on ne s'en des-
habitue plus. Dites-moi un peu, avez-vous parlé
à ma femme ?

TRASTULLE.

Oui, illuſtriſſime.

PANCRACE.

Encore de l'illuſtriſſime ; je vous ai dit que je
n'en voulois pas.

TRASTULLE.

Cependant Madame reçoic ce titre, & ne s'en
défend pas.

PANCRACE.

Si Madame eſt folle, je ne ſuis pas fou, moi.
Vous ſçavez bien que les femmes ſont toutes poſ-
ſedées de l'eſprit de vanité.

TRASTULLE.

Comment dois-je donc me comporter à ſon
égard ? Quel titre lui donnerai-je ?

PANCRACE.

Puiſque le monde ſe gouverne aujourd'hui par
les titres, celui de Madame ſuffira.

TRASTULLE.

Mais Madame ſe donne à la femme d'un
Cordonnier & d'un Barbier. A la femme d'un
Marchand il faut quelque choſe de plus.

PANCRACE.

Pourvu que la femme d'un Marchand ait une bonne table, & qu'elle puisse soutenir son état, qu'on l'appelle Illustrissime, ou Dame, ou Madame, il n'importe. C'est de l'argent qu'il faut, & non pas de vains titres. Oh çà, allons, commençons à mettre les choses en train. Tenez, voilà un demi sequin : allez à la provision, achetez un chapon & trois livres de bœuf, pour faire un excellent bouillon ; & le bouilli servira pour vous autres. Prenez un morceau de veau pour le rôt : achetez aussi quelques livres de fruit. J'ai dans la maison bonne provision de salé & de fromage. Il y a du bled & du vin pour toute l'année. Pour les farineux, je les achete en gros : ainsi arrangez-vous, & que cela ne passe jamais une pistole. Je veux qu'on mange, & que personne chez moi ne souffre la faim ; mais je ne veux pas qu'on jette tout par les fenêtres.

TRASTULLE.

Vous dites très-bien, Monsieur ; l'économie me plaît aussi prodigieusement, sur tout dans une maison où il y a de la famille. Mais si vous voulez que j'achete pour vous un pigeon gras, & trois ou quatre ris de veau....

PANCRACE.

Non, Monsieur. Ce qu'on me sert, est pour

tout le monde. Un pere ne doit point à sa table se traiter plus délicatement que ses enfans. Quand des enfans voyent leur pere se nourrir mieux qu'eux, cela leur fait de la peine, leur donne de l'envie, & dans l'occasion ils cherchent à satisfaire leur gourmandise.

TRASTULLE.

Vous entendez, Monsieur, on ne peut pas mieux, les devoirs d'un pere de famille.

PANCRACE.

Oh, si vous sçaviez combien ils sont étendus ces devoirs, & tous les fardeaux qui accablent un pere de famille, vous trembleriez seulement d'y penser Maintenant allez au marché, & n'oubliez rien.

SCENE VII.

TRASTULLE seul.

MOn Maître en sçait long, mais j'en sçais plus long que lui. Les Maîtres superfins s'abusent, quand ils esperent de découvrir toutes les ruses de leurs domestiques. Pour moi j'en ai une à moi que je le défie bien de découvrir, Je m'entends avec mes marchands; nous partageons ensemble les profits; & qui nous verroit faire a croiroit que nous fommes ennemis jurés. L'induftrie humaine fe raffine tous les jours davantage ; & pour connoître à fond un fourbe , il faut être fourbe & demi.

SCENE VIII.

Le Théâtre repréfente une Salle.

COLOMBINE *qui repaffe des chemifes.*

Vite, vîte , il faut repaffer cette chemife ; autrement ma maîtreffe feroit en furie. Il fuffit que çe foit pour fon cher Florinde. Si c'étoit pour M. Lélio , elle ne s'en foucieroit guères ; elle fçauroit même m'occuper ailleurs , pour m'empêcher de lui faire plaifir. Je ne puis le fouffrir ce Florinde. Il vient faire le galant autour de moi : Madame le fçait , le voit , & ne fait qu'en rire. Mais je ne fuis pas de ces chambrieres qui fervent à leurs Maîtreffes pour garder leurs fils à la maifon , afin qu'il ne leur arrive pas malheur dehors. Ce fer n'eft plus chaud : j'irois bien en prendre un autre ; mais je ne veux pas aller à la cuifine. Ces valets font infupportables avec leurs impertinénces. Ils tiennent des difcours qui me font rougir. Souvent même les mains fe mettent de la partie. Je fens encore cette chiquenaude que m'a donné le Cuifinier. Il faut que j'appelle Arlequin ; c'eft le plus balourd, mais c'eft le plus retenu. Hé, Arlequin !

SCENE IX.

ARLEQUIN, COLOMBINE.

ARLEQUIN.

QUi eft-ce ? Qui me demande ? Qui m'appelle ? Qui me cherche ? Qui me rompt la tête ?

COLOMBINE.

Ne vous mettez pas en colere, mon cher Arlequin : c'eft moi qui vous appelle.

ARLEQUIN.

Oh, puifque c'eft vous, me voici; ordonnez. Pour vous non-feulement je me leverois du lit ; mais je me mettrois au lit, s'il le falloit.

COLOMBINE.

Faites-moi un plaifir ; prenez ce fer, portez le à la cuifine, mettez-le dans le feu, & rapportez-moi l'autre ; mais qu'il foit bien rouge.

ARLEQUIN.

Volontiers, dans le moment. *Il prend le fer & fe brûle.* Ahi ! diable ! c'eft une trahifon.

COLOMBINE.

Non, mon cher Arlequin, vous vous êtes attrapé....

ARLEQUIN.

On me l'avoit bien dit , qu'il falloit qu'une
fille , ou vous brouillât , ou vous brulât.

COLOMBINE.

Que ne le preniez vous par le manche ?

ARLEQUIN.

Me brûler la main ? C'eſt une malice d'enfer.

COLOMBINE.

Mais je ne croyois pas...

ARLEQUIN.

Les femmes ſont des diables ; je ne m'étonne
pas ſi elles brûlent.

COLOMBINE.

Je ne l'ai pas fait exprès.

ARLEQUIN.

Chienne , aſſaſſine , ce n'étoit pas aſſez de m'em-
braſer le cœur , tu voulois encore me brûler les
doigts.

COLOMBINE

Mon cher Arlequin , je vous jure que je ne l'ai
pas fait exprès. Prenez le fer de ce côté , il n'y a
rien à craindre.

ARLEQUIN.

Il n'y a rien à craindre de ce côté ?

COLOMBINE.

Non certainement. Faites-moi le plaiſir d'emporter ce fer bien vîte , & de m'apporter l'autre.

ARLEQUIN.

Ah, petite fourbe, vous voudriez me brûler.

COLOMBINE.

Je ne ferois pas une action pareille pour tout l'or du monde : approchez, essayez.

ARLEQUIN *approche la main du manche, & crie de peur.*

Ahi !

COLOMBINE.

Mais il n'est pas chaud.

ARLEQUIN *approchant la main davantage.*
Ahi !

COLOMBINE.

Allons, prenez-le.

ARLEQUIN *prenant le fer.*
Ahi !

COLOMBINE.

Craignez-vous encore de vous brûler ?

ARLEQUIN *tenant le fer à la main.*
Ahi ! ahi !

COLOMBINE.

Mais vous le tenez ; vous voyez qu'il ne brûle pas, & vous criez, ahi.

ARLEQUIN.

Chat échaudé craint l'eau froide, dit le proverbe. Je suis comme cela. Le fer chaud m'a brûlé, & je crains le manche froid.

COLOMBINE.

COLOMBINE.

Eh bien donc, rendez-moi ce service.

ARLEQUIN.

Je le ferai, mais je veux de l'intérêt.

COLOMBINE.

Qu'exigez-vous pour intérêt?

ARLEQUIN.

Que vous me repassiez une chemise.

COLOMBINE.

Lorsque je serai à étendre, je le ferai volontiers.

ARLEQUIN.

C'est une chemise que m'a donnée notre maître. Vous verrez de beau linge, avec une garniture des plus fines.

SCENE X.

COLOMBINE, puis ARLEQUIN qui revient avec le fer rouge & la chemise.

COLOMBINE.

CE garçon est un peu simple, mais d'ailleurs bon enfant, honnête & point libertin; j'aurois presque envie de l'épouser. Rarement les gens d'esprit si bien appris se tournent-ils à bien : la finesse & le sçavoir-faire les rendent dangereux.

C

Si le mari eſt un peu bête, tant mieux ; il ne faut pas grand eſprit pour être mari.

ARLEQUIN.

Me voilà, me voilà ; prenez vîte ce diable de fer qui me fait peur. *Il le poſe ſur la table.*

COLOMBINE.

Fort bien, Arlequin, je vous remercie.

ARLEQUIN.

Et voici la chemiſe. Je vous la recommande, parce que c'eſt celle des jours de fête ; je vous prie ſur-tout de prendre garde aux manchettes : *il lui donne une chemiſe toute déchirée.*

COLOMBINE.

Comment ? c'eſt un torchon.

ARLEQUIN.

Un torchon ? Voyez-moi ces franges, ces dentelles.

COLOMBINE.

Oh, je ne repaſſe pas du linge de cette eſpéce.

ARLEQUIN.

C'eſt là ma chemiſe : vous m'avez promis de la repaſſer.

COLOMBINE.

Ecoutez : ſi vous n'en avez pas de meilleure, je vous en ferai plutôt une autre.

ARLEQUIN.

Eh ! pourquoi non ?

COLOMBINE.

La prendriez-vous ?

ARLEQUIN.

Oui, ma belle Dame.

COLOMBINE.

Eh bien, n'en parlez à perſonne.

ARLEQUIN.

Oh, je ne dis jamais rien.

SCENE XI.

FLORINDE & LES MESMES.

FLORINDE à *Arlequin.*

QUe fais-tu ici ?

ARLEQUIN.

Je n'en ſçais rien, Monſieur.

COLOMBINE.

Il m'apporte ce fer.

FLORINDE.

Morbleu, vas-t'en d'ici.

ARLEQUIN.

J'attends qu'elle m'ait repaſſé....

C ij

FLORINDE.

Sors vîte, ou je te donne un coup de pied dans le ventre.

ARLEQUIN.

Ne vous incommodez pas , Monfieur. *Bas à Colombine.* Je vous recommande la chemife.

FLORINDE *à Arlequin.*

Veux-tu finir ?

ARLEQUIN.

Oui , Monfieur. *Bas à Colombine ,* Ayez-en bien foin.

FLORINDE, *lui donnant un coup de pied.* Impertinent !

ARLEQUIN, *fortant.*

Grand merci.

SCENE XII.

FLORINDE, COLOMBINE.

COLOMBINE *à part.*

PAuvre Arlequin ! Tout le monde le maltraite, mais s'il devient mon époux , ils apprendront à le refpecter.

FLORINDE.

Colombine, que faites-vous de beau ?

COLOMBINE, *d'un air imposant.*

Ne le voyez-vous pas ? Je repasse une chemise.

FLORINDE.

A qui est cette belle chemise ?

COLOMBINE, *d'un ton ironique.*

A votre illustrissime Seigneurie.

FLORINDE.

Fort bien, ma chere Colombine, vous êtes réellement une fille charmante.

COLOMBINE, *sans le regarder.*

Très-obligée à vos bontés.

FLORINDE.

Vous êtes gracieuse, pleine d'esprit ; mais vous avez un défaut qui me déplaît.

COLOMBINE.

Ouidà ? Et quel est ce défaut qui déplaît à Monsieur ?

FLORINDE.

Vous êtes un peu sauvage, & vous avez des préjugés dans la tête.

COLOMBINE.

Je fais mon devoir, & cela me suffit.

FLORINDE.

Ah ! ma chere enfant, si vous ne faites pas autre chose que votre devoir, vous aurez bien de la peine à vous faire une dot.

COLOMBINE.

Nous autres filles fans fortune , quand nous avons un bon métier , nous trouvons aifément un mari.

FLORINDE.

La fortune vous avoit affez bien fervie en vous conduifant dans une maifon où il y a des jeunes gens ; mais vous ne fçavez pas en profiter.

COLOMBINE.

M. Florinde , ces difcours ne me conviennent pas.

FLORINDE.

Ma chere Colombine , en vérité je te veux du bien.

COLOMBINE.

Au loin , au loin. Un peu moins de liberté.

FLORINDE *lui touchant la main.*

Laiffez-moi voir quelle eft cette chemife.

COLOMBINE.

Bas les mains.

FLORINDE , *continuant fes jeux de main.*

Voyez : cette manchette eft découfue.

COLOMBINE.

Eh bien ?...Quelle impertinence !

FLORINDE *la tracaffant encore.*

Allons , ma chere.

COLOMBINE.

Laiſſez-moi, ou je vous donne de ce fer par le viſage.

FLORINDE, *continuant ſes badinages.*

Vous ne ſerez pas ſi méchante.

COLOMBINE, *lui donnant avec le fer ſur les doigts.*

Inſolent !

FLORINDE.

Ah ! vous m'avez fait mal, vous m'avez brûlé. Ahi, ahi......quelle douleur !

SCENE XIII.

BÉATRIX, LES MESMES.

BEATRIX.

QU'eſt-ce ? Qu'a-t'on fait ? Qu'avez-vous, mon cœur ?

FLORINDE.

Cette chienne de Colombine m'a brûlé les doigts avec ſon fer à repaſſer. Tenez, voyez la peau; ahi ! qu'elle me cuit !

BEATRIX.

Ah coquine ! ah ſcélérate ! d'où vient que vous avez fait du mal à mon pauvre Florinde ?

COLOMBINE.

Madame, je ne l'ai pas fait exprès.

C iv

FLORINDE.

Non, elle ne l'a pas fait exprès ! Un peu de patience !

BEATRIX.

Mais je veux sçavoir comment, & pourquoi tu l'as fait ?

COLOMBINE.

Si vous en êtes curieuse, je vous le dirai. Monsieur votre fils est un peu trop libertin.

BEATRIX.

Pourquoi libertin ! que t'a-t'il fait ?

COLOMBINE.

Il est toujours autour de moi à me toucher les mains, à me tenir des discours indécens.

BEATRIX.

Voyez, quelle rechigneuse ! elle ne veut pas qu'on la touche, elle ne veut pas qu'on lui parle. Eh vîte, va me chercher du vinaigre, que j'en bassine les doigts à ce pauvre enfant. Eh vîte, te dis-je, ou je te casse la tête.

COLOMBINE.

J'y vais, j'y vais. *A part, en sortant :* Oh la jolie mere !

BEATRIX.

Tu as voulu la toucher, & elle t'a brûlé avec le fer.

FLORINDE.

Oui, Madame.

BEATRIX.

Elle ne peut te ſouffrir autour d'elle ?

FLORINDE.

Elle ne peut pas me voir.

BEATRIX.

Laiſſe, laiſſe, nous en trouverons une autre.
à part. Le pauvret ! il ne ſort preſque jamais de la
maiſon : s'il ne s'amuſe pas avec les domeſtiques,
avec qui s'amuſera-t'il ?

FLORINDE.

Je ne voudrois pas que vous la miſſiez dehors,
ma mere.

BEATRIX.

Non ? Et pourquoi ?

FLORINDE.

Parce que, puiſqu'il faut vous le dire......elle
repaſſe bien mon linge.

BEATRIX.

Ah, petit coquin, je t'entends. Tu as de l'eſprit. Va, tu as de l'eſprit. *à part.* Il eſt jeune,
le pauvre enfant : j'ai pitié de ſon âge.

COLOMBINE *rentre avec du vinaigre.*

Voilà le vinaigre.

BEATRIX.

Allons, baſſine-lui cette main. Puiſque tu as
fait le mal, appliques-y le reméde.

COLOMBINE.

Mais je ne le sçais pas faire.

BEATRIX.

Voyez donc la pauvre fille ! elle ne sçait pas. Y faut-il tant de façons ? D'une main prends la sienne , & de l'autre , verses-y du vinaigre.

FLORINDE.

Faites donc , faites vîte. Ah , comme je souffre !

BEATRIX.

Ah , pauvret ! vîte.

COLOMBINE.

Maudit enfant ! je ne sçais pas , encore une fois.

BEATRIX.

Oh ! pour le coup je te donne un soufflet.

COLOMBINE.

Ah , patience , patience , me voilà ; comment dois-je m'y prendre ?

FLORINDE.

Comme cela ; prends cette main.

COLOMBINE.

Est-ce ainsi ?

FLORINDE.

Oui.

SCENE XIV.

LELIO, LES MESMES.

LELIO.

GRand bien vous faſſe, mon cher frere. Je me
réjouis de voir comment vous vous divertiſſez
avec la chambriere, & que votre reſpectable mere
n'y trouve point à redire.

BEATRIX.

Pourquoi entrez-vous ici ? Que venez-vous
faire dans mon appartement ?

LELIO.

Je ſuis venu voir ſi Monſieur mon frere vouloit
ſortir.

BEATRIX.

Mon fils n'a que faire de ſortir avec vous.
Vous êtes d'un trop mauvais exemple, & je ne
veux point qu'il contracte vos vices.

LELIO.

Eh bien, je prendrai de lui l'exemple des
vertus. Oh, les belles leçons de morale que vous
lui donnez ! entre les mains de la chambriere.

BEATRIX.

Ce ne ſont pas vos affaires.

LELIO.

C'eſt ſeulement pour m'inſtruire.

BEATRIX.

Sortez d'ici.

LELIO.

C'eſt la chambre de mon pere , & je puis bien y reſter.

BEATRIX.

Cette chambre eſt à moi , & je ne veux pas que vous y ſoyez.

SCENE XV.

PANCRACE, LES MESMES.

PANCRACE.

QU'eſt--ce que ce carillon ?

BEATRIX.

Cet impertinent ne veut pas ſortir de cette chambre. J'ai beau tenir à l'écart cette bonne Colombine , Lélio ne ceſſe de la pourſuivre.

PANCRACE.

Comment ? Tu n'as pas plus de retenue à la maiſon , pas plus de reſpect pour ta mere , pour moi ? Tu ſçais bien que je t'ai défendu de parler aux ſervantes.

LELIO.

Mais , mon pere....

PANCRACE.

Tais-toi , malheureux...Et toi, Florinde , pourquoi tiens-tu la chambriere par la main ?

LELIO.

C'eſt lui , c'eſt lui , non pas moi.

PANCRACE.

Paix , te dis-je. Qu'eſt-ce donc, que ces fami-
liarités avec des domeſtiques ?

FLORINDE.

C'eſt que je me ſuis brûlé....

BEATRIX.

Le pauvre innocent eſt tombé par terre , & ſa
main a porté par hazard ſur le fer que Colombine
avoit poſé là ! Voyez comme il s'eſt brûlé, comme
il s'eſt fait du mal !

PANCRACE.

Et faut-il pour cela que Colombine le ſoigne ?
Que ne vous en chargez-vous ?

BEATRIX.

Oh , je n'en ai pas le cœur. Dès que je m'approche , je me ſens défaillir.

PANCRACE.

Courage , courage ! *A Colombine* : Cela
ſuffit.

COLOMBINE *à part.*

Si je reſte long-tems dans cette maiſon , j'ap-
prendrai de belles choſes. *A Beatrix* : Avez-vous
autre choſe à m'ordonner ?

BEATRIX.

Va-t'en , je ne veux rien autre chofe.

FLORINDE *bas à Colombine.*

Chere Colombine , un peu plus de charité.

COLOMBINE *bas à Florinde.*

Cette fois-ci je ne vous ai brûlé que les doigts ; mais une autre fois je vous brûlerai le nez. *Elle s'en va.*

PANCRACE.

Garçons , garçons , fi vous n'avez pas de conduite !

LELIO.

Mais que fais-je donc ? Je fuis bien malheureux.

PANCRACE.

Trêve de difcours. On ne répond pas à un pere.

BEATRIX.

Si vous voulez que je vous le dife , il eft infupportable.

FLORINDE.

Du moins , mon pere , vous ne vous plaindrez pas de moi , je l'efpere.

PANCRACE.

Vous ne deviez pas venir ici. Ce n'eft pas votre chambre.

BÉATRIX.

Doucement, ne le grondez pàs. Le pauvre enfant ! Voyez comme il eft devenu pâle. Dès qu'on lui dit une parole un peu forté, il fe tròuve mal.

PANCRACE.

Eh le pauvre petit mignon ! Veux-tu de la bouillie, mon fils ?

BEATRIX.

Oh, je fçais bien que vous ne l'aimez pas, que vous ne pouvez le fouffrir. Mais l'autre eft votre favori ; c'eft le fils de votre premiere femme, le premier fruit de fes tendres amours.

PANCRACE.

Tout deux. Hola, mes petits Meffieurs, allez vous habiller, & vous fortirez pour vous promener avec M. le Précepteur.

LELIO.

Ma mere ne veut pas que Florinde vienne avec moi.

BEATRIX.

Non, Monfieur, je ne le veux pas : vous n'êtes bon qu'à le gâter par votre mauvais exemple.

LELIO.

En revanche Madame fa mere lui donne de fort beaux confeils.

BEATRIX.

Entendez vous cet effronté ?

LELIO.

La vérité engendre la haine.

PANCRACE.

Veux-tu te taire ?

LELIO.

Je crêve....

PANCRACE.

Si tu continues, je te donne le plus beau soufflet....Sors d'ici.

LELIO *à part.*

Oh, fi ma mere vivoit, cela n'iroit pas ainfi.
Il fort.

PANCRACE *à Florinde.*

Allez, partez auffi, habillez-vous. Le maître
vous attend.

BEATRIX.

Mais fi je ne veux pas qu'il aille avec Lélio.

PANCRACE.

C'eft à vous de vous mêler de vos coëffures ;
& à moi de gouverner mes enfans. *A Florinde :*
Allons, dépêchez-vous.

FLORINDE.

Je ne veux que faire en tout la volonté de mon
pere.

PANCRACE.

Oui, oui ; nous le lui dirons.

FLORINDE.

FLORINDE.

Je ne fens d'amour que pour vous.

BEATRIX.

Voyez fi ces paroles n'attendriroient pas ?

PANCRACE.

C'eft fort bien ; mais je veux des effets, & non des paroles.

BEATRIX.

Quels effets ? Que voulez-vous qu'il fafle ?

PANCRACE.

Qu'il étudie, & qu'il fafle honneur à fa famille.

BEATRIX.

Oh, pour étudier, il n'étudie que trop.

PANCRACE.

Encore trop : & vous le dites en fa préfence ? Entens-tu ce que dit ta mere, que tu étudies trop ? Mais moi qui fuis ton pere, je te dis que fi tu n'étudies pas, tu ne mangeras pas ; que fi tu ne m'obéis pas, je fçaurai te châtier. Allons, va trouver ton maître, & fois exaêt à faire ce qu'il te dira.

FLORINDE.

Je n'aurai pas grande peine à lui obéir : c'eft un maître fait exprès pour des difciples raifonnables comme moi. *Il fort.*

D

SCENE XVI.

PANCRACE, BEATRIX.

PANCRACE.

A Quoi, diable, penfez-vous, d'aller dire en préfence de votre fils qu'il étudie trop? Eft ce là la bonne maniere d'élever fes enfans ? Je fuis émerveillé de votre conduite. Vous n'avez pas l'ombre de bon fens.

BEATRIX.

J'ai eu tort, je l'avoue, & je ne ferai plus une pareille imprudence ; mais avec votre permiffion, vous êtes trop févere. Jamais vous ne leur dites une parole agréable , & vous les tenez dans une trop grande fujetion.

PANCRACE.

Un pere ne doit pas accorder tant de liberté à fes enfans : je ne dis pas qu'il faille les traiter avec rigueur , mais il doit les tenir dans la crainte. La familiarité des enfans dégénere à la fin en infolence. Quand on les accoutume à badiner avec leur pere , ils ne fçavent plus le refpecter. La hardieffe & la petulance croiffent avec l'âge , & l'on voit des enfans mal élevés porter l'impudence jufqu'à méprifer, outrager, maltraiter, & même battre leur pere.

BEATRIX.

Mon fils n'eſt pas capable de pareille choſe :
c'eſt un enfant d'un ſi bon naturel, qu'il ne pourroit faire du mal, quand même il le voudroit.

PANCRACE.

Comment, il ne pourroit faire du mal, quand
même il le voudroit? Voilà comme parle une femme ignorante, & qui mérite correction. Heureux
celui qui naît avec un bon naturel; mais plus heureux celui qui a les moyens d'avoir une bonne
éducation. Un arbre ſera venu dans un bon ter-
roir; l'eſpéce en ſera bien choiſie; on l'aura planté
ſous une lüne favorable, s'il n'eſt pas cultivé; ſi
l'on ne coupe de tems en tems ſes mauvaiſes bran-
ches, il deviendra ſauvage, ne produira que de
mauvais fruits, & fera du bois inutile & propre
ſeulement à brûler. De même, des enfans d'ailleurs bien nés, quelques heureuſes inclinations
qu'ils ayent, ne les élevez pas bien, ne leur donnez pas de bons exemples, ne les reprenez pas de
leurs fautes, vous en ferez de mauvais ſujets, des
gens à charge pour une maiſon, qui deviendront
la honte des familles, & le ſcandale d'une
ville.

SCENE XVII.

BEATRIX *seule.*

JE ne suis pas si sçavante moi. Je n'ai que ce fils, & je ne veux pas qu'il se tue à force d'étude. Je voudrois le marier, si je pouvois. Mon mari voudra donner une femme à l'aîné ; & comment pourrai-je souffrir dans la maison la femme de mon beau fils ? Si c'étoit encore une bru, l'épouse de mon propre fils, je la souffrirois, quoiqu'il y ait bien rarement de la bonne intelligence entre les brus & les belles-meres.

SCENE XVIII.

Le Théâtre représente une chambre dans la maison du Docteur Géronte, avec deux Siéges.

ELEONORE & ROSAURE *qui est habillée avec une modestie recherchée.*

ELEONORE.

COmbien j'ai de plaisir, ma chere sœur, que vous soyez sortie de votre retraite, pour me faire compagnie à la maison.

ROSAURE.

Le Ciel m'eſt témoin, ma chere ſœur, de la
ſatisfaction que je reſſens à vivre en paix avec
vous dans la maiſon de notre cher pere ; mais du
reſte j'étois bien plus tranquille dans ma retraite,
ſous la conduite de notre bonne tante, qui eſt un
vrai modéle de ſageſſe & de régularité.

ELEONORE.

Il eſt vrai que la maiſon de notre chere tante eſt
une école de bonnes œuvres ; mais enfin nous pouvons pratiquer ici la vertu, & être deux ſœurs
d'une vie exemplaire.

ROSAURE.

On ne peut vivre ici, comme je vivois là. Les
ſoins domeſtiques nous écartent du ſentier de la
vertu.

ELEONORE.

Au contraire les ſoins domeſtiques occupent
l'eſprit, & l'empêchent de s'amuſer à des choſes
frivoles & dangereuſes.

ROSAURE.

Ici l'on a des affaires, des entretiens ; on voit,
on entend. Oh non, je n'y ſuis pas bien volontiers.

ELEONORE.

Mais, dites-moi, chere ſœur, eſt-ce que perſonne ne vous alloit voir chez notre tante ?

ROSAURE.

Pardonnez - moi : il y venoit quelquefois cet
homme de bien, cet homme parfait & excellent,
Monsieur Octave.

ELEONORE.

Monsieur Octave, le Précepteur des enfans du
Seigneur Pancrace ?

ROSAURE.

Lui justement. O quel honnête - homme !
quelle conduite exemplaire !

ELEONORE.

Et que venoit-il faire chez vous ?

ROSAURE.

M'enseigner à bien vivre.

ELEONORE.

Et où se tenoient vos entretiens ?

ROSAURE.

Dans ma chambre.

ELEONORE.

Et la tante, que disoit-elle ?

ROSAURE.

Oh, la tante pouvoit se fier à lui & à moi. Nos
discours étoient tout-à-fait honnêtes. Si quelquefois on levoit les yeux, c'étoit par pure curiosité,
jamais par indécence.

ELEONORE.

Quant à moi, j'ai été élevée dans la maison
paternelle : mais ni ma mere d'heureuse mé-

moire, ni mon pere que le Ciel me conferve, ne m'auroient jamais laissée seule dans une chambre avec un homme d'une vie exemplaire.

ROSAURE.

C'est que vous autres, vous entendez malice à tout ; mais chez ma tante tout se fait à bonne fin.

ELEONORE.

Il suffit, ce sera comme vous le dites. Mais sçavez-vous, chere sœur, pourquoi notre pere vous a tirée de cette maison, & vous a voulu auprès de lui ?

ROSAURE.

Non en vérité. Je suis une fille soumise, & j'ai baissé la tête au premier signe de sa volonté.

ELEONORE.

Que me donnerez-vous, si je vous le dis ?

ROSAURE.

Que le Ciel vous bénisse, dites-le moi par charité.

ELEONORE.

J'ai oui dire, non pas à lui, mais à d'autres, qu'il vouloit vous marier.

ROSAURE.

Me marier ?

ELEONORE.

Oui, vous marier. Vous êtes l'aînée, & vous devez passer avant moi.

ROSAURE.

O Ciel, qu'eſt-ce que j'entends ? Moi vivre en la compagnie d'un homme ?

ELEONORE.

Et vous ferez en cela comme font les autres filles.

ROSAURE.

Eſt-ce que vous conſentiriez à vous marier, vous ?

ELEONORE.

Pourquoi non ? Si mon pere le vouloit, je le ferois de grand cœur.

ROSAURE.

Quoi, vous vous marieriez ainſi, les yeux fermés ?

ELEONORE.

Mon pere les ouvriroit pour lui & pour moi.

ROSAURE.

Et s'il vous tomboit en partage un mari qui ne vous plût pas ?

ELEONORE.

Je ferois forcée de le ſupporter.

ROSAURE.

Oh non, ma ſœur, ne parlez pas ainſi, ce n'eſt pas bien. Le mariage veut de la paix, de l'amour, de la tendreſſe. Il faut prendre un mari de bon gré, qui nous plaiſe, qui ſoit de notre goût,

Autrement c'eſt le diable, ma ſœur, c'eſt le diable
dont le Ciel nous préſerve.

ELEONORE.

Comment donc faire ?

ROSAURE.

Allons, paix ! les filles ne parlent pas de ces
choſes là.

ELEONORE.

Ma chere ſœur, je me recommande à vous.

ROSAURE.

Soyez docile, & ne craignez rien.

ELEONORE.

Vous me trouverez donc un joli mari ?

ROSAURE.

Si vous êtes ſage.

ELEONORE.

Je ferai tout ce que vous me direz.

ROSAURE.

Que le Ciel vous garde !

SCENE XIX.

OCTAVE, FLORINDE, LES PRECEDENTES.

OCTAVE *du dedans.*

Qui eſt là ? Peut-on entrer ?

ELEONORE.

Ah, mon Dieu ! qui ſera-ce ?

ROSAURE.

Le Ciel soit béni ! c'est le bon Monsieur Octave.

ELEONORE.

Notre pere n'est pas ici. Renvoyons-le vîte.

ROSAURE.

Oh, voudriez-vous lui faire cette malhonnê-
teté ? Cela ne convient pas. Venez, venez, Monsieur Octave.

ELEONORE.

Et il amene un jeune homme avec lui.

ROSAURE.

Ce sera quelqu'un de ses sages éleves.

ELEONORE.

C'est un fils du Seigneur Pancrace. Renvoyons-
le vîte.

ROSAURE.

Est-ce qu'on éconduit ainsi les gens de bien ?

OCTAVE.

Paix & bon jour à Mademoiselle Rosaure.

ROSAURE.

Paix & bon jour à Monsieur Octave.

FLORINDE à ELEONORE.

Votre très-humble serviteur , Mademoiselle.

ELEONORE.

Votre servante.

OCTAVE.

Comment vous trouvez-vous, Mademoiselle
Rosaure , dans la maison paternelle ?

ROSAURE.

Bien mortifiée de n'être plus avec ma chere
tante & mes aimables coufines.

OCTAVE.

Il faut obéir à fon pere, & fe conformer à la
volonté du Ciel.

ROSAURE.

Voulez-vous bien vous affeoir ?

OCTAVE.

Ce fera pour vous obéir.

ROSAURE.

Ce Monfieur eft votre éleve ?

OCTAVE.

Oui, c'eft un de mes difciples, mais de très--
bonnes mœurs ; intact comme une colombe innocente.

ROSAURE.

Faites-le affeoir. Dites-lui qu'il ne fe gêne
pas.

OCTAVE.

Eh, Monfieur Florinde !

FLORINDE.

Que fouhaite mon maître ?

OCTAVE.

Affeyez-vous.

FLORINDE.

Où ?

OCTAVE.

Mais voyez.

FLORINDE.

Où vous affeoirez-vous ?

OCTAVE.

Moi ? Là. *Il s'affied à côté de Rosaure.*

FLORINDE.

Et moi ici. *A côté d'Eléonore.*

ELEONORE *à part.*

Je fuis dans un grand embarras.

ROSAURE.

Allons, Monfieur Octave , faites-nous quelque lecture.

OCTAVE.

Volontiers. Voici un petit ouvrage charmant qui vient d'être mis au jour. *Chapitre troifiéme , de la néceffité du Mariage , pour la confervation de l'efpèce humaine.*

ELEONORE *à* FLORINDE.

Beau chapitre !

FLORINDE.

Eft-il de votre goût ?

ELEONORE.

Il ne me déplaît pas.

OCTAVE *bas à* ROSAURE.

Que dites-vous de cette belle matière?

ROSAURE.

La propofition ne fçauroit être plus vraie.

OCTAVE *bas à* ROSAURE.

Vous ne tarderez donc pas long-tems à vous marier ?

ROSAURE *bas à* OCTAVE.

Continuez un peu votre lecture.

OCTAVE.

« C'eft l'amour qui engendre toutes les chofes. »

ROSAURE *bas à* OCTAVE.

L'amour ?

OCTAVE *bas.*

Oui, l'amour. *Il continue de lire :* » L'amour opére par fa vertu. . . .

FLORINDE. *bas à* ELEONORE.

O la douce parole, que cet amour !

ELEONORE *bas à* FLORINDE.

Vilaine, vilaine.

SCENE XX.

Les Acteurs précédens continuent à se parler bas, deux à deux. GERONTE *s'avance tout doucement en les obfervant, & vient fe placer au milieu.*

GERONTE.

MEffieurs, je vous falue.

OCTAVE *fe levant.*

Ah, je falue très-humblement le Seigneur Géronte.

FLORINDE *fe levant.*

Votre ferviteur, Monfieur.

GERONTE.

Que font là ces Meffieurs ?

OCTAVE.

Comme j'avois eu le bonheur de connoître Mademoifelle Rofaure , quand elle demeuroit chez Madame fa tante, & que nous étions accoûtumés à faire enfemble des réflexions fur quelque bon livre, j'étois venu pour continuer avec elle cet exercice falutaire.

GERONTE *montrant* FLORINDE.

Ce Monfieur eft auffi de l'exercice ?

FLORINDE.

Oui, certainement.

OCTAVE.

C'eſt mon diſciple.

GERONTE.

Ces Meſſieurs veulent-ils bien avoir la bonté, je les en ſupplie, d'aller faire leurs exercices ailleurs ?

OCTAVE.

Mais, Monſieur, c'eſt un tort que vous faites à ma réputation.

FLORINDE.

Je ſuis l'écolier de Monſieur Octave.

OCTAVE.

Je ſuis le Précepteur des enfans du Seigneur Pancrace.

FLORINDE.

Et moi, je ſuis ſon fils.

GERONTE.

Je réponds à Monſieur le Précepteur que mes filles n'ont pas beſoin de ſes leçons; & au fils du Seigneur Pancrace, qu'on ne vient point dans ma maiſon à mon inſçu.

OCTAVE.

Si vous voulez que je m'en aille, je m'en vais.

GERONTE.

Vous me ferez plaiſir.

FLORINDE.

Et moi, il faudra auſſi que je ſorte ?

GERONTE.

Je crois qu'oui.

OCTAVE.

Vous avez, Monsieur, une fille très-prudente.

GERONTE.

C'est un effet de votre bonté.

FLORINDE.

Vous êtes heureux en famille, Monsieur.

GERONTE.

Vous me confondez, Monsieur, avec votre politesse.

OCTAVE.

Mademoiselle Rosaure est une fille d'exemple, en vérité.

FLORINDE.

Mademoiselle Eléonore est une charmante personne.

OCTAVE.

J'en suis pénétré d'admiration.

FLORINDE.

C'est une merveille à mes yeux.

GERONTE.

C'en est assez, Messieurs ; faites-moi la grace de me laisser en liberté.

OCTAVE *bas à* ROSAURE.

Mademoiselle Rosaure, souvenez vous de la lecture.

ROSAURE

ROSAURE *bas*.

Oh , je ne l'oublierai pas.

OCTAVE *à part*.

Oui, oui, ces lectures qui traitent du mariage, se gravent aisément dans le cœur d'une fille.

GERONTE *à* FLORINDE.

Monsieur , quand partez-vous ?

FLORINDE.

Tout à l'heure. *Bas à Eléonore* : Mademoiselle Eléonore , souvenez vous du chapitre.

ELEONORE *à part*.

Oui ; je l'ai dans la tête.

FLORINDE.

Je crois aussi qu'elle ne l'oubliera pas. C'est une science où les filles & les garçons passent bien-tôt maîtres.

SCENE XXI.

GERONTE , ROSAURE , ELEONORE.

ROSAURE.

Souffrez, mon cher pere, que je vous baise la main.

GERONTE.

Pourquoi donc , ma fille ?

E

ROSAURE.

Parce que je vais prendre congé de vous , & paſſer dans ma chambre.

GERONTE.

Non , Mademoiſelle , vous demeurerez ici pour ce moment.

ROSAURE.

Comme vous voudrez ; je ne ſçais qu'obéir.

ELEONORE.

Et moi , mon pere.

GERONTE.

Pour vous , allez vous-er.

ELEONORE.

Vous êtes peut-être en colére , à cauſe de ce jeune ·homme ? *Bas.* C'eſt la faute de Roſaure , car je ne voulois pas . . . *Haut.* Ceſt une dévote , voyez - vous ; mais elle en ſçait autant que le diable. *Elle ſort.*

GERONTE.

Dites-moi un peu , Mademoiſelle la modeſte & la ſcrupuleuſe , eſt - ce là cette belle éducation que vous avez reçue de votre tante? Dès le premier jour que vous rentrez dans la maiſon paternelle vous avez des viſites & des entretiens.

ROSAURE.

Ces entretiens étoient pleins de ſageſſe & de décence.

GERONTE.

Pleins de fageffe & de décence ? Je n'en crois pas un mot ; je ne fuis pas fi dupe ; je connois le monde. La modeftie apprend aux filles d'éviter les occafions de fe trouver tête à tête avec les hommes ; mais quand on recherche ces entre-vûes, & qu'on s'y plaît, cela ne s'appelle pas modeftie ; mais hypocrifie.

ROSAURE.

Comme l'innocence eft perfécutée ! Vous por-tez des jugemens téméraires.

GERONTE.

Oh ça, finiffons. Je ne veux point chez moi de vifites, furtout de ce Monfieur Octave. Sou-venez-vous-en bien, & qu'il ne vienne plus ici.

ROSAURE.

Un homme de bien comme celui-là ! Et qui m'enfeignera donc les belles maximes dé mo-rale ?

GERONTE.

La morale que vous devez fçavoir, je vous l'ap-prendrai. Elle eft facile, & très-facile; la voici: obéir à votre pere, aimer votre fœur, avoir l'œil à la maifon, fe montrer rarement aux fenêtres, & ne recevoir perfonne ici fans ma permiffion.

ROSAURE.

Ce font des propos à tenir aux petites fillès, &

E ij

aux fervantes, mais non à des filles d'efprit, &
bien nées.

GERONTE.

Entendez-vous la petite dévote, comme elle
fçait répondre! Vous êtes donc une fille d'efprit?
Je m'en réjouis fort; mais je commande, & c'eft
à elle à obéir.

ROSAURE.

La Loi veut qu'on obéiffe à fon pere dans les
bonnes chofes, & non dans les mauvaifes.

GERONTE.

Je vous commande peut-être quelque chofe de
mal.

ROSAURE.

Vous m'empêchez de profiter de bonnes lectures.

GERONTE.

Petite fotte! Je vous interdis plutôt les mau-
-vaifes.

ROSAURE.

Moi, de mauvaifes lectures! Moi, qui étois
le modéle & l'édification de toutes les filles du
quartier, je ferois de mauvaifes lectures! Courage, mon pere, courage! Je ne m'attendois pas
à pareil compliment de votre part. Mais graces au
ciel, on fçait qui je fuis; ma fageffe eft connue:
& malgré vos faux foupçons, on ne me reprochera
pas d'avoir jamais donné mauvais exemple; &

l'on fçait que .. (je dois rendre gloire à la vérité) que je fuis une perfonne modefte & vertueufe. Que la bonté du ciel vous accompagne
toujours, mon cher pere. *Elle fort après lui avoir
baifé la main.*

GERONTE.

Bien obligé. Bien obligé. Ma fille a véritablement
le caractere de l'hypocrifie. Elle eft pleine d'orgueil
& de hauteur, au moment qu'elle fe vante d'être
humble & modefte : voilà comme font ces femmes qui cachent fous l'apparence d'une bonté af-
fectée, le poifon de la vanité la plus rafinée. J'ai
cru bien faire, en la mettant fous la direction de
fa tante ; & je me fuis trompé. Eléonore, qui a
été élevée dans la maifon, n'eft pas dévote ; mais
elle porte plus de refpect à fon pere. Elle ne mene
pas une vie fi édifiante ; mais elle eft docile & fou-
mife. Et je m'apperçois que la meilleure éducation pour les enfans, eft celle que donne un pere
fage & prudent dans une maifon bien réglée.

Fin du premier Acte.

E iij

ACTE SECOND.

SCENE PREMIERE.

Le Théatre repréfente la chambre de BEATRIX.

OCTAVE, FLORINDE *fans épée.*

FLORINDE.

Mais, nous avons mal fait, mon cher maître.

OCTAVE.

Doucement, qu'on ne vous entende pas.

FLORINDE.

Je ne voulois pas aller jouer dans ce tripot ; c'eft vous qui m'y avez mené quafi par force.

OCTAVE.

Mais, tout bas, je vous prie. Je l'ai fait pour vous divertir, pour vous réjouir ; & vous me le reprochez encore.

FLORINDE.

Le beau divertiffement ! J'ai perdu les deux fequins que ma mere m'avoit donnés.

OCTAVE.

Patience, mon fils, patience. Et moi donc, n'ai-je pas perdu deux ducats qui m'avoient été avancés sur mon mois ?

FLORINDE.

Et puis j'ai encore joué mon épée d'argent.

OCTAVE.

Et moi j'ai joué la montre que Madame votre mere m'avoit donnée.

FLORINDE.

Mais ce qu'il y a de plus fâcheux, ce sont les cinq sequins que j'ai perdus sur ma parole.

OCTAVE.

Et moi deux.

FLORINDE.

Il faudra les payer.

OCTAVE.

Oui, sans doute, il le faudra, afin qu'on ne sçache pas que nous avons joué.

FLORINDE.

Et comment faire ?

OCTAVE.

Il faudra recourir à l'industrie.

FLORINDE.

Maudit jeu !

OCTAVE.

Point de grosses paroles, mon ami, point de malédictions.   E iv

FLORINDE.

Que dira mon pere, s'il ne me voit plus d'épée?

OCTAVE.

Laiſſez moi faire. Je dirai qu'on vous l'a volée;
il s'en rapportera plutôt à moi qu'à vous.

FLORINDE.

Oh, que j'ai eu-là une méchante journée!

OCTAVE.

Il valoit beaucoup mieux paſſer toute la mati-
née chez le Seigneur Géronte, n'eſt-ce pas?

FLORINDE.

Ah, oui ; cette Eléonore eſt adorable. Il y avoit
ſi long tems que je voulois lui parler. Mon cher
maître, je vous remercie de m'avoir introduit
chez elle.

OCTAVE.

Dites-moi, l'épouſeriez-vous volontiers, cette
Demoiſelle Eléonore ?

FLORINDE.

Plût au ciel! Mais je ne ſuis pas encore au moment de me marier.

OCTAVE.

Elle eſt riche ; voyez vous. Son pere n'a pas d'autres enfans que ces deux filles ; & elles auront cha-
cune dix mille ducats. *à part.* Si je pouvois avoir
la charmante Roſaure !.. Hé, hé, qui ſçait ?

FLORINDE.

Je me doute que mon pere voudra marier mon
frere.

OCTAVE.

Laiffez-moi le foin de cette affaire. Je ménage-
rai tout pour vos intérêts. Mais, écoutez, j'ai
auffi befoin de vous...

FLORINDE.

Commandez, mon cher maître ; en tout ce que
je puis , vous n'avez qu'à patler.

OCTAVE.

J'ai perdu deux fequins fur ma parole ; il faut
que vous m'aidiez.

FLORINDE.

Et comment, fi je n'ai pas moi-même un fol ?

OCTAVE.

Voilà Madame votre mere ; elle qui vous aime
tant , vous tirera d'embarras.

FLORINDE.

J'ai honte.

OCTAVE.

Je vous aiderai. Feignez d'être bien trifte.

FLORINDE.

Oui, vous dites bien ; je ferai comme vous
dites. *à part.* Oh, le brave maître !

OCTAVE *à part.*

Oh, l'excellent écolier !

SCENE II.

BEATRIX, *les précédens.*

BEATRIX.

MOnſieur, je ne veux pas que mon fils reſte ſi long-tems hors de la maiſon. En vérité, quand je ne le vois pas, il me ſemble que je ne vis plus.

OCTAVE.

Les meres ſçavent bien ce qu'elles ſentent, & ce qu'elles diſent ; ſurtout les meres de votre eſpèce.

FLORINDE.

Nous aurions bien mieux fait de reſter au logis.

OCTAVE.

Oui, aſſurément.

BEATRIX.

Hélas! Qu'eſt-il arrivé? T'eſt-il ſurvenu quelque accident?

FLORINDE.

Ah, rien, rien. *Il ſoupire.*

BEATRIX.

Comment, rien? tu veux me cacher la vérité. Monſieur, dites moi par pitié, ce qui peut chagriner mon pauvre fils.

OCTAVE.

Le pauvre petit ! Il eſt bien mortifié.

BEATRIX.

Mais, pourquoi, pourquoi ? Voulez-vous parler ?

FLORINDE.

Ma chere mere, ne vous mettez pas en colére.

BEATRIX.

Non, mon ami, je ne me mets pas en colére;
dis-moi, que t'eſt-il arrivé ? Dis-le à ta bonne
ere, qui t'aime tant.

FLORINDE.

Je ne puis; je n'en ai pas le courage.

BEATRIX.

Mais enfin, je perds patience.

OCTAVE.

Madame, je vous le dirai moi.

FLORINDE.

Non, non, ne le dites pas.

BEATRIX.

Tais toi, je veux le ſçavoir.

OCTAVE.

Vous ſçaurez donc, Madame, qu'après être
ſortis de la maiſon, Monſieur Lélio, Monſieur
Florinde & moi, à peine avions-nous fait trente
pas, que Lélio voit une troupe de vagabonds; il

les falue ; il eft appellé ; il nous laiffe, va les joindre, & difparoît à mes yeux. Je me hâte auffi-tôt de les fuivre, comme il étoit de mon devoir; & je dis à Florinde d'entrer dans une boutique voifine, & de m'attendre là. Je ne fçavois pas moi (les accidens inattendus & non prévus) qu'on donnoît à jouer dans cette maifon. Le pauvre enfant a vu jouer, l'occafion l'a tenté ; il a joué ; il a perdu ; & voilà la caufe de fon chagrin, & de fa trifteffe.

FLORINDE.

Je veux m'aller jetter dans un puits.

BEATRIX.

Non, mon ami, viens, refte ici. C'eft donc-là tout ce qui te défefpére? Si tu as perdu, patience. Tu as perdu tes deux fequins?

OCTAVE bas à BEATRIX.

Et il a perdu auffi fon épée.

BEATRIX.

Pauvre enfant ! Encore l'épée?

FLORINDE.

Mais. . . .

BEATRIX.

Doucement, doucement, que mon mari n'en fçache rien. Nous en acheterons une autre.

OCTAVE bas à BEATRIX.

Et il a perdu fur fa parole. . .

BEATRIX.

Combien ?

OCTAVE.

Huit fequins.

BEATRIX à FLORINDE.

Eft ce vrai ? Tu as perdu huit fequins fur ta paro'e ?

FLORINDE.

Huit ?

OCTAVE.

Sans doute huit. Ne vous rappellez-vous pas le compte que nous avons fait ?

FLORINDE.

Ah, c'eft vrai. *à part.* Il en yeut trois pour lui.

BEATRIX.

Huit fequins ! Comment ferons-nous pour les trouver ?

FLORINDE.

Si mon pere le fçait , il me bâtonnera.

BEATRIX.

Non, pour l'amour de Dieu, qu'il n'en fçache rien.

OCTAVE.

Il faut donc, pour qu'il ne le fçache jamais, les payer vîte.

BEATRIX.

Mais, je ne les ai pas. Quel contretems ! C'eft ce coquin de Lélio qui en eft caufe.

OCTAVE.

Oui ; c'eſt lui ſans doute.

FLORINDE.

Ah, ma chere mere, par charité, ne m'aban-
donnez pas !

BEATRIX.

Je n'ai point d'argent. Monſieur Octave, comment pourroit-on faire, pour trouver ces huit ſequins ?

OCTAVE.

Si je les avois, je les donnerois de grand cœur.
Vous n'avez pas d'autre reſſource que de les em-
prunter ſur gage.

FLORINDE.

Ma pauvre mere ! Quoi, vous donneriez un
gage pour moi ? Non, je ne le ſouffrirai certainement pas.

BEATRIX.

Mais, comment donc faire ? Ceux qui ont ga-
gné, n'attendroient-ils pas quelques jours ?

OCTAVE.

Oh, non, ils n'attendront pas. S'ils ne ſont
payés dans la journée, ils viendront ce ſoir trouver Monſieur Pancrace.

FLORINDE.

Et je ſerai battu ; je ſerai châtié ; je m'en vais
tomber malade, & puis je mourrai.

BEATRIX.

Ah, ne me parle pas ainfi : tu me fais gla-
cer le fang. Allons, allons, il faut vous tirer de
peine. Monfieur Octave, prenez cette bague, &
mettez-la en gage.

OCTAVE.

Volontiers ; vous ferez obéie.

FLORINDE.

Ma chere mere, donnez-la moi, donnez-la
moi, je la mettrai en gage.

BEATRIX.

Et, petit coquin, tu me ferois encore quelque
fottife.

FLORINDE *bas à* BEATRIX.

Non, en vérité. Je l'engagerai pour dix fequins?

BEATRIX *bas.*

Et que veux-tu faire des deux autres fequins ?

FLORINDE *bas.*

Je vous le dirai après.

BEATRIX *bas.*

Je veux le fçavoir.

FLORINDE *bas.*

Je vous le dirai. Mais je ne veux pas que le
maître l'entende.

BEATRIX.

Monfieur Octave, allez-vous-en, fi vous avez
quelque chofe à faire.

OCTAVE.

Mais, ne vaudroit-il pas mieux que je fuſſe chargé de négocier cette bague ?

FLORINDE.

Non, Monſieur, non, Monſieur. Je veux m'en charger moi.

OCTAVE.

Souvenez-vous de vos engagemens.

FLORINDE.

Je ſçais tout ; je ſuis un galant homme.

OCTAVE *à part.*

S'il me trompe, je la lui ferai excroquer. Si je riſque d'être chaſſé de la maiſon, je veux du moins qu'il m'en revienne quelque avantage.

SCENE III.

BEATRIX, FLORINDE.

BEATRIX.

EH bien, dis-moi : que veux-tu faire de ces deux ſequins ? *Florinde rit.* Dis-le moi donc, ne me mets pas en peine.

FLORINDE.

Je veux acheter un bel éventail.

BEATRIX.

Et que feras-tu d'un éventail ?

FLORINDE.

FLORINDE.

J'en ferai préfent à une jolie fille.

BEATRIX.

A une jolie fille ? Et de quelle condition ?

FLORINDE.

De bonne condition, & qui me vaut bien.

BEATRIX.

Qui eft-elle donc ? Je veux le fçavoir.

FLORINDE.

Je vous le dirai, ma chere mere, je vous le dirai. C'eft Mademoifelle Eléonore, fille de M. le Docteur Géronte.

BEATRIX.

Et comment la connois-tu ?

FLORINDE.

Je l'ai vûe par la fenêtre.

BEATRIX.

Lui as-tu parlé ?

FLORINDE.

Oui, Madame.

BEATRIX.

Où ?

FLORINDE.

Chez elle.

BEATRIX.

Comment, tu as été chez elle ?

FLORINDE.

Oui, Madame.

F

BEATRIX.

Et qui t'y a conduit ?

FLORINDE.

M. le Précepteur.

BEATRIX.

Courage, M. le Précepteur ! Vous conduisez
les jeunes garçons chez les filles. Quand il reviendra, je lui en dirai deux mots.

FLORINDE.

Non pas, ma chere mere, je vous prie, ne
lui dites rien. Je vous en supplie, ne le grondez
pas. Le pauvre homme ! Il est si bon, il m'instruit
avec tant d'affection ! Si vous m'aimez, vous ne
lui ferez aucun reproche.

BEATRIX.

Eh bien, eh bien, pour l'amour de toi, je ne
dirai rien. Mais je ne veux pas qu'on aille chez les
jeunes filles.

FLORINDE.

Ah ! Eléonore me plaît si fort ! Je ne puis vivre
sans elle.

BEATRIX.

Pauvre enfant ! Tu es amoureux ?

FLORINDE.

Je le suis au suprême dégré.

BEATRIX.

Est-il possible que tu ayes pris si vîte de l'amour?

FLORINDE.

J'en perds, je vous affure, le manger, le boire & le dormir.

BEATRIX.

Tu tomberas malade, fi cela va ainfi.

FLORINDE.

Je le fçais bien. J'en tomberai malade, & j'en mourrai.

BEATRIX.

Ta maladie va me jetter dans le défefpoir.

FLORINDE.

Si vous vouliez, il feroit aifé de remédier à tout cela.

BEATRIX.

Comment ?

FLORINDE.

Si vous me permettiez de l'époufer, tout iroit bien.

BEATRIX.

Moi, pour te fatisfaire, j'y confentirois volontiers ; mais ton pere ne voudra pas y confentir.

FLORINDE.

Oh ! pourvû que vous le vouliez, il ne dira pas, non.

BEATRIX.

Cela fera difficile. Il voudra marier d'abord ton frere aîné.

FLORINDE.

Et moi, sçavez-vous ce que je ferai?

BEATRIX.

Que feras-tu?

FLORINDE.

Je m'en irai, je me ferai soldat, & vous ne me verrez plus.

BEATRIX.

Tais-toi, petit méchant, tais-toi, tu me fais mourir. Et tu aurois le cœur d'abandonner ta mere?

FLORINDE.

Et vous avez bien le cœur de voir souffrir votre fils unique.

BEATRIX.

Si cela dépendoit de moi, je te tirerois de peine.

FLORINDE.

Il ne tient qu'à vous, si vous le voulez. Voilà mon pere : ne perdez pas de tems. Parlez-lui vîte, & soyez sûre que si entre aujourd'hui & demain je n'épouse pas Eléonore, je prends un lacet pour me pendre.

SCENE IV.

BEATRIX, PANCRACE.

BEATRIX *à son fils qui sort.*

ARrête, écoute. Hélas! En quel embarras je me trouve ! J'aime ce fils plus que moi-même, & l'amour que j'ai pour lui, me fait fermer les yeux fur tout ce qui peut être préjudiciable à mon époux, à ma famille, à moi-même. *A Pancrace.* Bon jour.

PANCRACE *d'un air troublé.*

Bon jour à Madame.

BEATRIX.

Qu'avez vous ? Vous me paroiffez un peu troublé.

PANCRACE.

Eh ! rien, rien. Je fuis un peu fatigué.

BEATRIX.

Voulez-vous vous affeoir ?

PANCRACE.

Oui dà. Je m'affeoirai volontiers. N'y a-t-il perfonne ici pour m'apporter un fiége ?

BEATRIX.

Il n'y a perfonne. Je vous en donnerai un, moi.

F iij

PANCRACE.

~~Oh,~~ Madame ! Que je vous suis obligé !

BEATRIX *à part.*

Il faut le prendre par la douceur.

PANCRACE *à part.*

C'est aujourd'hui un jour de belle lune.....Où sont les enfans ?

BEATRIX.

Florinde étudie Pour Lélio, Dieu sçait où il est.

PANCRACE.

Mais, est-ce qu'ils ne sont pas rentrés ensemble ?

BEATRIX.

Oh , jugez : Lélio a planté là son maître.

PANCRACE.

Il a quitté son maître ? Je l'attends à son retour pour lui en dire de belles.

BEATRIX.

Il viendra à table vers l'heure du dîner avec son aisance ordinaire ; & loin de le gronder, vous le laisserez manger sans lui dire une parole.

PANCRACE.

Je ne sçais point crier à table. Si mes enfans ont fait quelque faute , j'aime mieux les envoyer manger dans leur chambre, & je les mortifie ainsi sans gronder.

BÉATRIX.

Tenez : jufqu'à ce que vous ayez pris la réfolution de renvoyer Lélio de la maifon, nous
n'aurons jamais la paix ici.

PANCRACE.

Pourquoi ? Que vous fait-il donc encore ?

BEATRIX.

Il inquiéte tout le monde, il me manque de
refpect, il bat fon pauvre frere & le maltraite,
il fe mocque de fon maître, il excéde tous les
domeftiques, en un mot il eft infupportable.

PANCRACE.

Je ne dis pas que Lélio foit la meilleure créa-
ture du monde. Mais je ne lui ai encore rien vû
faire de tout ce que vous dites là.

BÉATRIX.

On fçait bien qu'il ne faut pas toucher à
votre premier né.

PANCRACE.

Dites-moi un peu, ma chere, peut-on parler,
une fois du moins, franchement entre mari &
femme, là fans aigreur & à cœur ouvert ?

BEATRIX.

Je ne parle pas autrement, & vous ne pouvez
pas dire que je fois de ces femmes qui trouvent à
redire à tout.

F iv

PANCRACE.

Eh bien, venez ici. Asseyez-vous à côté de moi, & causons d'une chose qui me tient fort à cœur, & qui doit vous intéresser également.

BEATRIX.

Dites. Je vous écoute.

PANCRACE.

On m'a dit que le Docteur Géronte veut marier une de ses filles.

BEATRIX.

Ce sera, je m'imagine, son Eléonore; car Mademoiselle Rosaure vit retirée avec sa tante, & ne veut pas, dit-elle, se marier.

PANCRACE.

Eh bien, c'est donc Mademoiselle Eléonore. Un ami qui me veut du bien, m'a fait songer à ce parti ; & voyant que j'avois deux fils, il m'a fait toucher au doigt que je ne pourrois trouver rien de mieux pour en établir un.

BEATRIX *à part.*

Ceci pourroit être une bonne affaire pour Florinde.

PANCRACE.

Que dites-vous de cette proposition ? S'offre-t-il à votre esprit quelque difficulté ? Parlez-moi librement. Autant que j'en sçais, la fille est sage & bien élevée. Mais comme vous autres femmes, fçavez tous les propos & toutes les anecdotes des familles, dites-moi s'il y a quelque chofe dans cette alliance qui pût vous faire de la peine?

BEATRIX.

Au contraire, je fçais que Mademoifelle Eléo-nore eft très-décente & très-convenable, qu'elle a de bonnes mœurs, un maintien honnête; & puis quand elle auroit quelque défaut, cela fe corri-geroit auprès de moi.

PANCRACE.

Oh! pour cela, je n'en fçais rien.

BEATRIX.

Pourquoi?

PANCRACE.

Parce qu'il y a très-peu de brus qui veuillent écouter les leçons des belles-meres.

BEATRIX.

Oh, avec moi, il faudra bien qu'il en foit ainfi.

PANCRACE.

Je vois déja qu'au bout de trois jours la belle-mere & la bru feront pis que chien & chat enfemble.

BEATRIX.

Mais dites-moi une chofe qui me touche de plus près. Auquel de vos deux fils comptez-vous donner une femme?

PANCRACE.

A Lélio.

BEATRIX *d'un ton ironique.*

Fort bien, à merveille. Etablir le méchant, & ne pas songer au bon.

PANCRACE.

S'il étoit d'un caractere si mauvais & si insupportable, qu'il dût faire le deshonneur d'une maison, & le malheur d'une pauvre fille, je me garderois bien de le marier. Je sçais que si les jeunes gens qui ont des sentimens, en deviennent meilleurs par le mariage, les mauvais sujets en revanche en deviennent pires.

BEATRIX.

Mais, dites-moi : y auroit-il un grand inconvénient à marier le second au lieu du premier ?

PANCRACE.

Je ne puis faire ce tort à l'aîné. Le privilége de l'âge, (privilége qui naturellement conduit aussi plus vîte à la mort) veut qu'il y ait dans les familles certaines préférences entre les enfans. Celui qui est né le premier, doit être établi le premier.

BEATRIX.

Oh, pour le coup vous me faites rire. Vous en pouvez bien marier deux à la fois, & même quatre, si vous les aviez.

PANCRACE.

Ouidà , Madame , pour les réduire tous à la mendicité. La multiplicité des mariages est la ruine d'une famille. Il suffit , pour la perpétuer , qu'un des enfans se marie.

BEATRIX.

Et si celui-là ne vouloit pas se marier ?..

PANCRACE.

S'il ne vouloit pas, un pere ne pourroit l'y obliger. Car je tiens pour maxime qu'un pere peut dispo- ser de son fils en toutes occasions, excepté dans le choix d'un état.

BEATRIX.

Si un fils prend de l'amour & se marie, un pere n'a donc rien à lui reprocher ?

PANCRACE.

Vous m'étonnez. Un fils sans doute ne doit pas choisir une femme , sans que son pere le sçache.

BEATRIX.

Mais ne dites-vous pas que dans le choix d'un état , on ne doit pas gêner son fils ?

PANCRACE.

Oui, Madame , je l'ai dit ; mais si vous ne m'avez pas bien compris, je m'expliquerai. Un pere ne doit pas forcer l'inclination de son fils , quand il s'agit de prendre un parti ; mais un fils ne doit pas faire cette démarche sans le consente- ment de son pere.

BEATRIX,

Oh çà , puifque nous fommes fur ce chapitre;
il faut lever le mafque. Vous avez envie de donner
un état à Lélio, & moi, à Florinde. Nous pouvons
nous fatisfaire tous les deux.

PANCRACE.

Comment , nous pouvons nous fatisfaire tous
les deux ? Quel langage eft cela ? La volonté d'une
femme ne doit pas être différente de celle de fon
mari. Tous les deux font mes fils : c'eft à moi à
fonger à leur établiffement ; & vous ne devez pas
vous mêler de femblables affaires.

BEATRIX.

Florinde eft mon enfant.

PANCRACE.

C'étoit votre affaire de le mettre au monde. Le
refte me regarde.

BEATRIX.

Vous ne penfez jamais qu'à votre aîné , & vous
fçavez bien pourquoi. C'eft parce que votre premiere femme eut tout votre amour. Vous me
voyez , moi, de mauvais œil.

PANCRACE.

Je vous aime ; mais pour vous parler à cœur ouvert , fi vous aviez les qualités & les vertus qu'a-
voit ma premiere femme d'heureufe mémoire, je
vous chérirois encore davantage.

BEATRIX.

Voilà votre chanfon ordinaire. Vous n'avez à me jetter au nez que le fouvenir de votre premiere femme.

PANCRACE.

Oh, elle ne me difoit jamais : *Vous avez envie de ceci, & moi de cela : Vous le voulez ainfi, & moi comme cela.* Ah, pauvre femme ! Je me fouviendrai de toi tant que je vivrai.

BEATRIX.

Eh bien, voyez moi de bon ou de mauvais œil, peu m'importe. Mon fils me touche davantage. Si vous ne fongez pas à l'établir, j'y penferai moi.

PANCRACE.

Oui ! Et comment, je vous prie ?

BEATRIX.

Avec ma dot. Je puis faire de ma dot ce que je veux, ce me femble.

PANCRACE.

Quand je ferai mort, tant qu'il vous plaira, mais non pendant que je vis. Ah çà, je vous ai fait part, par attention pour vous, du mariage que je veux faire. Si vous l'agréez, tant mieux : s'il ne vous plaît pas, je ne fçaurois qu'y faire. Je vais le propofer à mon fils. Je verrai ce qu'il me dira. S'il en eft content, avant la fin du jour je demande la fille, & je paffe le contrat.

BEATRIX.

Le mien ne peut donc pas espérer de se marier ?

PANCRACE.

Non, Madame, pour le présent il n'est pas question de mariage pour lui.

BEATRIX.

Cette maxime ne s'accorde guères avec celle de laisser aux enfans le choix de leur état.

PANCRACE.

Que les femmes ont d'esprit & de finesse, quand il y va de leurs intérêts ! Eh bien, Madame, soit ! Oui, ces deux maximes ne s'accordent pas ; mais écoutez, & apprenez ce qui résulte de ces deux maximes. C'est que si les enfans sont heureux de pouvoir se choisir librement leur état, les familles le sont encore davantage de n'être pas ruinées par les enfans, lorsqu'ils choisissent leur état. Un fils qui a la liberté de se décider, & qui se décide avec prudence, répond par sa résignation à la liberté qu'on lui laisse. Je vous parle comme il ne convient pas de parler à une femme ; mais je parle comme je l'entends, & je sçais que vous m'entendez de reste vous-même. Car vous autres femmes, vous avez de l'esprit, vous avez de la raison ; & ce seroit un grand bonheur, si vous vouliez l'employer au bien.

Il sort.

BEATRIX.

Après un tel déjeûner, je puis bien me paſſer
de dîner. Il peut faire, il peut dire tout ce qu'il
voudra; Florinde eſt mon fils, je l'aime tendre-
ment. S'il eſt vrai qu'Eléonore l'aime, elle le
oudra lui, & non pas Lélio. Je ſç urai ce qui
n eſt. J'irai moi-même chez M. Géronte; j'y
menerai mon fils, & il ſe mariera en dépit de
on mari. Quand nous autres femmes , nous
ettons une choſe dans la tête, le diable ne ſçau-
oit l'en tirer.

SCENE V.

*Le Théâtre repréſente un autre appartement de
la maiſon de Pancrace.*

COLOMBINE, FLORINDE.

COLOMBINE *fuyant devant Florinde.*

Llons , laiſſez-moi, vous dis-je ?
FLORINDE.
Arrêtez , écoutez un ſeul mot.
COLOMBINE.
Si vous voulez que je vous écoute, tenez donc
os mains en repos.
FLORINDE.
Je ne vous touche pas.

COLOMBINE.

Si vous n'êtes pas sage , je le dirai à votre père.

FLORINDE.

Est-il possible que je vous aime tant , & que vous ne puissiez supporter ma vûe ?

COLOMBINE.

Je ne puis vous voir , parce que vous êtes un impudent.

FLORINDE.

Chere Colombine , pardonnez si je m'oublie quelquefois à votre égard ; c'est un effet de l'amour excessif que j'ai pour vous.

COLOMBINE

A d'autres ; je ne vous en crois pas.

FLORINDE.

Ecoutez , Colombine. Dès le premier jour que vous êtes entrée dans cette maison , j'ai conçû de l'amour pour vous. Chaque jour il s'est accrû au point que je ne puis plus y résister. Votre modestie a achevé de m'embraser , & je me suis épris de vous jusqu'à vous épouser, si vous le voulez.

COLOMBINE.

M'épouser ?

FLORINDE.

Assurément.

COLOMBINE.

COLOMBINE.

Si je croyois que vous mourufliez au bout de trois jours, je vous épouferois.

FLORINDE.

Pourquoi donc, cruelle, pourquoi?

COLOMBINE.

Parce que je fuis fûre qu'au bout de trois jours vous vous en repentiriez.

FLORINDE.

Et comment pourrois-je me repentir d'une chofe que j'aurois faite de fi bon cœur?

COLOMBINE.

Quoi? Vous voulez que je croye que vous avez de l'inclination pour moi, quand vous êtes amoureux de toutes les filles?

FLORINDE.

Moi? Cela n'eft pas vrai. Il y a trois mois que je n'ai regardé une fille en face, & cela par amour pour vous.

COLOMBINE.

Et moi, je fçais que ce matin vous êtes allé chez une belle Demoifelle.

FLORINDE.

Qui vous l'a dit?

COLOMBINE.

J'en ai entendu parler entre Madame votre mere & votre Précepteur.

G

FLORINDE.

Cela eſt vrai. Celle que j'ai été voir, eſt une fille qu'ils voudroient me faire épouſer ; mais je n'en véux point, parce que je ſuis uniquement charmé de mon adorable Colombine.

COLOMBINE à part.

S'il diſoit vrai, je tenterois ma fortune.

FLORINDE.

Eh bien, que dites-vous ? Voulez-vous me voir mourir ?

COLOMBINE.

Que diroit de moi Madame votre mere ?

FLORINDE.

Rien. Quand il s'agit de me ſatisfaire, elle conſent à tout. Ma mere m'aime. Je gàge que quand elle ſçaura mon inclination, elle donnera les mains à notre mariage.

COLOMBINE.

Et Monſieur votre pere !

FLORINDE.

Quant à lui, qu'il diſe ce qu'il voudra. Ma mere m'a toujours dit que s'il m'abandonnoit, elle avoit ſa dot pour me ſoutenir.

COLOMBINE.

Si je pouvois eſpérer que la choſe tournât ainſi.

FLORINDE.

Oui, ma chere, n'en doutez pas, tout ira bien.

Pour gage de mon amour, recevez un tendre embrassement....

COLOMBINE.

Oh doucement ! C'est aller un peu trop vîte.

FLORINDE.

Et quand donc me sera-t-il permis de vous embrasser ?

COLOMBINE.

Quand vous m'aurez épousée.

FLORINDE.

Je vous épouse tout à l'heure, si vous voulez.

COLOMBINE.

Où est l'anneau nuptial ?

FLORINDE.

Je l'avois pris exprès pour vous. Le voilà.

COLOMBINE.

C'est une bague de Madame votre mere.

FLORINDE.

Oui ; mais elle me l'a donnée.

COLOMBINE.

Pourquoi faire ?

FLORINDE.

Pour la mettre au doigt de mon épouse.

COLOMBINE.

Mais de quelle épouse ?

FLORINDE.

De celle qui me plairoit le plus.

G ij

COLOMBINE.

Quand elle sçaura que c'eſt moi, elle ne ſera contente.

FLORINDE.

Si je le ſuis, elle le ſera. Allons, que je vous paſſe cet anneau au doigt.

COLOMBINE.

Et puis....

FLORINDE.

Et puis, & puis, ne vous embarraſſez plus du reſte.

COLOMBINE *à part.*

Soit à tout événement, la bague me reſtera.

FLORINDE.

La prenez-vous, ou non ?

COLOMBINE.

Je la prends, je la prends.

FLORINDE.

La voilà, ma chere Colombine.

SCENE VI.

OCTAVE, LES PRECEDENS.

OCTAVE.

QUe faites-vous ?

FLORINDE.

Chut !

COLOMBINE *à part.*

Ah, je suis perdue !

FLORINDE *bas à Octave.*

Je fais accroire à cette fille que je vais l'é-
pouser.

OCTAVE *bas.*

Mais, la bague ? Les dix sequins ? *Haut.* Cela
n'est pas bien.

COLOMBINE.

Monsieur Octave, pour l'amour de Dieu, ayez
pitié de moi. Je ne le voulois, ni ne le veux encore. Mais il me tourmente, & m'y force.

OCTAVE.

Ce n'est rien, ma fille, ce n'est rien. Ne vous
méfiez pas de moi. Je sçais compâtir à la foiblesse
humaine. Le pauvre garçon est amoureux de vous,
vous êtes amoureuse de lui ; je vous le par-
donne.

G iij

FLORINDE.

Qu'en dites-vous, mon cher maître ? Ce mariage vous paroît-il faisable ?

OCTAVE.

Il est faisable, il est faisable.

COLOMBINE.

Mais après, il va s'élever mille bruits, mille tracas.

OCTAVE.

Fiez-vous à moi, ne craignez rien. Mais si vous voulez que je m'employe pour le succès de votre mariage, il faut que vous fassiez une chàrité : ce n'est pas pour moi, mais pour une pauvre fille dont la vertu est en danger.

COLOMBINE.

Dites-moi ce que je puis, & je le ferai volontiers.

OCTAVE.

Une paire de bracelets peuvent faire marier une fille. Vous en avez deux paires. Donnez-m'en une, que je la porte à cette pauvre enfant. Elle se mariera ; sa vertu sera en sureté, & je vous en aurai une obligation éternelle.

COLOMBINE.

Mais ces bracelets, Monsieur, sont le fruit de mon travail & de mes peines.

FLORINDE.

Eh ! n'importe. Donnez-les lui ; je vous en acheterai une paire beaucoup plus belle.

COLOMBINE *bas.*

Je comprends. Mes bracelets font perdus. *Haut.* S'il ne faut que ces bracelets, Monfieur, pour m'affurer la main de M. Florinde, je fuis prête à les facrifier. Mais, *bas,* les larmes aux yeux.

OCTAVE.

Repofez-vous fur moi.

COLOMBINE.

Les voilà.

FLORINDE.

O ma chere ! o la belle enfant ! Je vois à préfent que vous m'aimez.

COLOMBINE.

Si vous me trompez, le Ciel vous punira.

FLORINDE *bas à Octave.*

Souvenez-vous au moins que c'eft à charge de revanche.

OCTAVE *bas.*

Ceux-ci font pour moi.

FLORINDE.

Et bien, Monfieur, lui donnerai-je la bague ?

OCTAVE.

Oui, donnez-la lui. La pauvre petite ! Donnez-la lui.

G iv

FLORINDE.

La voilà, ma chere amie.

OCTAVE.

Eh vîte, vîte ! Voilà Monsieur votre pere....

COLOMBINE.

Ah, quel malheur ! Donnez donc la bague.

FLORINDE.

Je ne veux pas qu'il me voye. Allez, je vous la donnerai tantôt.

COLOMBINE *à Octave*.

Rendez-moi mes bracelets.

OCTAVE.

Etes-vous folle ?

COLOMBINE.

Ou la bague, ou les bracelets ; que j'aye quelque chofe.

FLORINDE *montrant Pancrace avec inquiétude*.

Le voilà, le voilà. Retirez-vous.

COLOMBINE.

Ah, pauvre fille ! J'ai fait une bonne affaire !

FLORINDE.

De peur que mon pere ne me voye, je vais me retirer dans cette chambre ; & s'il y entre, je m'enferme dans l'armoire ; car j'ai tant peur de lui....

SCENE VII.

OCTAVE, PANCRACE.

OCTAVE *à part.*

QUand un fils évite la préſence de ſon pere, c'eſt mauvais ſigne.

PANCRACE.

Monſieur, où avez-vous mené mes enfans ce matin ?

OCTAVE.

Je ne ſçaurois vous rendre compte de Lélio.

PANCRACE.

Pourquoi ? Que s'eſt-il paſſé ? Eſt-ce qu'il n'eſt pas encore rentré ? Ah Dieu ! Il lui ſera arrivé quelque malheur.

OCTAVE.

Ne vous chagrinez pas tant pour un fils ſi méchant.

PANCRACE.

C'eſt mon fils, c'eſt mon ſang, je l'aime ; & quand je ne l'aimerois pas, je m'en inquiéterois du moins pour ma réputation. L'honneur des peres & le crédit des familles dépend de la bonne conduite des enfans.

OCTAVE.

Bon. A peine avions-nous paſſé le ſeuil de la

porte , qu'il a rencontré une troupe de gens que je ne connois pas, mais qui , je crois, ne peuvent être que des vagabonds. Il nous a d'abord laiſſés là pour s'en aller avec eux , & nous ne l'avons plus revû.

PANCRACE.

Vous deviez l'arrêter, vous deviez le ſuivre.

OCTAVE.

Mais, Monſieur, je ne ſuis plus d'un âge à pouvoir courir.

PANCRACE.

Qu'il vienne, qu'il vienne ce malheureux ! Mais dites-moi , mon cher Monſieur : & Florinde, où l'avez-vous mené ?

OCTAVE.

Je l'ai conduit à une Thèſe de morale.

PANCRACE.

Vous n'êtes pas allés chez M. le Docteur Géronte ?

OCTAVE.

Je ne ſçais pas même où il demeure.

PANCRACE.

On m'avoit pourtant dit que Florinde avoit été ce matin chez lui.

OCTAVE.

O les mauvaiſes langues ! Je ne l'ai pas perdu de vûe un inſtant.

PANCRACE.

Prenez bien garde de ne pas m'en impofer.

OCTAVE.

Moi vous en impofer? O Ciel ! Qu'entens-je là !

PANCRACE.

On me l'avoit dit ; mais il fe peut que cela ne foit pas vrai.

SCENE VIII.

LELIO, *les* PRECEDENS.

LELIO.

Mon pere....

PANCRACE.

Courage, Monfieur mon fils ! Où avez-vous été jufqu'à ce moment ?

LELIO.

J'ai été chez Monfieur *Fabrice Ardent* , pour régler ce compte des laines d'Efpagne.

OCTAVE *bas à* PANCRACE.

N'en croyez rien ; cela ne fera pas vrai.

PANCRACE.

Fauffes excufes ! Vous aurez été peut-être avec vos camarades. Et Dieu fçait où.

LELIO *donnant une bourfe à* PANCRACE.

Tenez, voilà trois cens écus qu'il m'a donnés,

pour reſte & ſolde de nos comptes.

PANCRACE prend la bourſe & regarde OCTAVE.

OCTAVE *à part.*

J'aurois mieux fait d'aller avec lui ; j'aurois peut-être attrapé quelque choſe de ces trois cens écus.

PANCRACE.

Avez-vous bien fait attention à la partie des fournitures , & à celle des reçus ?

LELIO.

L'attention la plus exacte. J'ai tout recompté juſqu'à trois fois. J'ai été plus de deux heures à ce calcul , au point de m'arracher les yeux , à force d'application.

OCTAVE.

Voyez, Monſieur ; c'eſt le fruit de mes leçons. Un bon maître fait de bons écoliers.

PANCRACE.

Mais vous m'avez toujours dit qu'il n'apprenoit rien.

OCTAVE.

Oh , mais ... il faut bien qu'il apprenne quelque choſe.

LELIO.

J'ai plus appris de moi-même , que par le ſecours de mon maître.

OCTAVE.

Quelle ingratitude ! Le Ciel vous punira.

LELIO.

Bon, bon, nous nous connoiſſons.

PANCRACE.

C'eſt aſſez, c'eſt aſſez. Dites-moi un peu, pourquoi laiſſez-vous votre Précepteur & votre frere de ſi mauvaiſe grace ? Pourquoi les quitter ſans rien dire ?

LELIO.

Je leur ai dit : Monſieur Fabrice m'a appellé ; & j'ai demandé la permiſſion à Monſieur le maître d'aller le joindre.

OCTAVE.

Je ne vous ai pas entendu.

LELIO.

Et quand Monſieur Fabrice m'a dit d'aller à ſon comptoir, je ſuis retourné pour en avertir mon maître, & je ne l'ai plus trouvé.

OCTAVE.

Je ne vous ai plus revu.

PANCRACE.

Eh bien, prenez cet argent ; portez-le dans cette chambre, & fermez-en la porte.

LELIO.

J'y vais à l'inſtant. *Il entre dans la chambre où Florinde eſt caché.*

OCTAVE *bas à* PANCRACE.

Ne lui confiez pas cette bourſe; il vous en excroquera quelque choſe.

PANCRACE *bas.*

Et pourquoi ne me fiérois-je pas à lui, puifqu'il me l'a apportée ?

OCTAVE *bas.*

J'irai plutôt la ferrer, moi.

PANCRACE.

Je ne veux pas que vous preniez cetté peine:

OCTAVE *à part.*

Il va trouver Florinde ; ils feront du bruit. Mais celui-ci fe cachera peut-être,

PANCRACE.

Voyez-vous, Monfieur, vous penfez toujours mal ; vous mettez du fcandale à tout. Je vous ai pourtant oui dire bien des fois, qu'il ne faut pas porter des jugemens téméraires. Que dans le doute, on doit interpréter les chofes en bien; qu'on doit ménager le prochain, & ne pas brouiller les enfans avec leurs peres ; mais vous, Monfieur, qui enfeignez toutes ces belles maximes, vous faites pire que les autres. Celui qui donne de bonnes leçons, & n'en fait point ufage, pardonnez - moi la comparaifon, fait juftement comme les ânes qui portent le vin, & boivent de l'eau.

OCTAVE.

Mais fi vous prenez mes difcours en mauvaife part, je ne dirai plus rien.

SCENE IX.

TRASTULLE, LES PRÉCÉDENS.

TRASTULLE.

SI Monfieur veut ordonner qu'on ferve, tout eft prêt.

PANCRACE.

Demandez-le à elle.

TRASTULLE.

A elle ?

PANCRACE.

Ouï, vous dis-je, à elle.

TRASTULLE.

Excufez-moi, Monfieur ; qui eft cette elle ?

PANCRACE.

Oh, mon ami, c'eft ma femme ! Vous avez ervi tant de tems à Venife, & vous ne fçavez as encore, que quand on nomme le maître ou a maîtreffe de la maifon, on dit, lui, elle. Eft-l rentré, lui ? Eft-elle levée, elle ? Eh bien, de-andez-le donc à elle.

TRASTULLE.

Je vais donc dire à elle, de la part de lui, de-enir, elle, dîner avec lui.

SCENE X.

PANCRACE, OCTAVE, *ensuite* LELIO.

PANCRACE.

CE valet me paroît un maître fourbe.

OCTAVE.

Prenez garde qu'il ne donne de mauvais exemples à vos enfans, & ne venez pas dire après que c'est moi.

PANCRACE.

Faites votre devoir, & ne vous inquiétez pas du reste.

OCTAVE.

C'est le zéle Monfieur, le pur zéle qui me fait parler.

LELIO fort de la chambre, & la ferme à clef.

OCTAVE *à part.*

Lélio ferme la chambre. Bon, Florinde fe fera caché.

LELIO.

Me voici, mon pere. J'ai mis votre argent fur là petite table; & voilà la clef de la chambre. *Il la lui donne.*

PANCRACE.

Vous avez été bien long-tems.

OCTAVE

Octave *bas à* Pancrace.

Je gagerois qu'il a mis trois ou quatre écus dans fa poche.

Pancrace *bas à* Octave.

Quand j'irai dans cette chambre, je les compterai.*à part.* Cet homme me fait enrager. *Haut.* Lélio, venez avec moi au change. Avant de nous mettre à table, il faut jetter un coup d'œil fur un petit compte du Levant, dont le payement doit écheoir aujourd'hui ; je ne veux pas faire attendre les gens.

L E L I O.

Je fuis prêt à vous obéir.

O C T A V E.

Monfieur Pancrace, il y a deux heures que midi ft fonné. Eft - ce qu'on ne mange plus ici ?

P A N C R A C E.

Un peu de patience ¡ Quand je mangerai, vous mangerez auffi.

O C T A V E.

Oh, ce train de vie ne me convient pas.

P A N C R A C E.

S'il vous déplaît, tâchez de trouver mieux illeurs.

L E L I O.

Vous ne fçavez que manger. Voilà à quoi vous tes bon.

H

SCENE XI.

OCTAVE, FLORINDE.

OCTAVE.

J'Irai donc manger à la cuisine, Je n'ai d'autre
bien dans le monde, que de bonnes dents pour
mâcher, & un bon estomac pour digérer.

FLORINDE *avançant la tête hors de la porte.*
Monsieur le Précepteur.

OCTAVE.

Que faites vous-là ?

FLORINDE,

N'y a-t-il personne ?

OCTAVE,

Personne.

FLORINDE.

Doucement.

OCTAVE *à part.*

Voyons s'il en aura fait de belles.

FLORINDE.

La fortune n'abandonne jamais personne. Voilà
le sac.

OCTAVE.

Vous l'avez pris.

FLORINDE.

Oui, escamoté ?

OCTAVE.

Bon, courage ! Comment avez-vous fait ?

FLORINDE.

Quand Lélio est entré, je me suis caché dans l'armoire ; ensuite j'ai pris le sac, & j'ai ouvert la porte en dedans, sans la moindre peine.

OCTAVE.

Mais voilà la porte ouverte à présent.

FLORINDE.

Elle ferme à la trappe & sans clef. Je vais la fermer tout à l'heure. Personne ne sçait que j'ai été là dedans ; personne ne peut me soupçonner.

OCTAVE.

Souvenez-vous que j'en veux ma part.

FLORINDE.

Volontiers.

OCTAVE.

Il y a trois cens écus; c'est cent cinquante pour chacun.

FLORINDE.

Fort bien ; laissez-moi aller cacher le sac, & ce soir nous le partagerons.

OCTAVE.

Donnez-le, je le cacherai, moi.

FLORINDE.

Oh, je ne me fie pas à vous.

OCTAVE.

Ni moi à vous.

FLORINDE.

C'eſt moi qui ai pris l'argent.

OCTAVE.

Si vous ne m'en donnez ma part, je vais le dire
à votre pere tout à l'heure.

FLORINDE.

Et comment pourrons-nous faire ?

OCTAVE.

Il n'y a perſonne ici. Vîte, vîte, partageons
la bourſe.

FLORINDE.

Nous prendrons au hazard, ſans compter.

OCTAVE.

Allons, allons, mettez-là. *Il préſente ſon chapeau, & Florinde y jette une partie de l'argent.*

FLORINDE.

Oh, en voilà aſſez. Je crois que votre part eſt
juſte.

OCTAVE.

Faites une choſe. Prenez les écus du chapeau,
donnez-moi le ſac, & vous allez voir le joli tour
que je vais jouer.

FLORINDE.

Soit, c'eſt pour moi la même choſe.

OCTAVE.

Je rentre à l'inftant. Ne fermez pas la porte de cette chambre ; il faut du jugement dans ces oc-cafions. *Il fort.*

SCENE XII.

FLORINDE, TRASTULLE.

FLORINDE.

CEt argent n'eft pas bien dans le chapeau ; je vais le mettre dans la poche.

TRASTULLE *à part.*

Bon, c'eft de l'argent. Sûrement il l'a volé ; j'en veux ma part. *Haut.* Monfieur Florinde, je m'en réjouis, & je vous en félicite.

FLORINDE.

Doucement, n'en dites mot à mon pere.

TRASTULLE.

Que je ne lui dife rien ? Oh, pardonnez moi, je fuis un domeftique fidéle, & ces fortes de chofes ne doivent pas fe cacher à un maître.

FLORINDE.

Tenez, prenez ces écus, & taifez-vous.

TRASTULLE.

Ah! Vous me fermez la bouche de façon, que je ne pourrai parler de cent ans. Bien plus, fi vous avez befoin de mon petit fecours, vous pouvez commander, & vous verrez comme je vous fervirai. Quand les enfans de famille s'entendent avec les domeftiques, rarement le maître découvre-t-il la vérité.

SCENE XIII.

FLORINDE, OCTAVE.

FLORINDE.

Vite, vîte, que j'empoche ceux-ci.

OCTAVE.

Voilà le fac.

FLORINDE.

Eft-il plein ?

OCTAVE.

Oui, plein ; mais devinez de quoi ? De cendres, avec des balles de fer & de plomb en dedans. Mettez-le fur la petite table où il étoit. De cette maniere, il peut arriver que Monfieur Pancrace ne s'apperçoive pas fi tôt de notre coup, ou qu'il en rejette la faute fur quelqu'autre.

FLORINDE.

Fort bien, vous avez raifon. Donnez ; je vais le remettre à la même place. *Il entre dans la chambre.*

OCTAVE *feul.*

Je prévois que cette friponnerie ne tardera pas

à éclater. Mais c'est précisément pour cela qu'il faut que je pourvoie à mes besoins à venir; déja... en tout cas.... je me tirerai d'affaire, en disant, que je n'en sçais rien.

FLORINDE *ferme la porte.*

Me voilà; tout est rangé, comme si l'on n'y avoit pas touché.

OCTAVE.

Eh bien, qu'en dites-vous ? Suis-je un homme de tête ?

FLORINDE.

Vous êtes admirable.

OCTAVE.

Allons voir, si l'on donne à dîner dans cette maison.

FLORINDE.

Oui, & après dîner, nous irons nous amuser avec ces petites piéces.

OCTAVE.

Nous ferons un peu la vie.

FLORINDE.

Nous jouerons.

OCTAVE.

Nous irons chez la bonne amie.

FLORINDE.

Et vive la joie !

OCTAVE.

Tant que l'argent durera; mais si l'on nous découvre !

FLORINDE.

Ma mere raccommodera tout.

SCENE XIV.

Le Théatre repréfente la falle à manger de PANCRACE, avec une table dreffée.

PANCRACE, LELIO, TRASTULLE, ARLEQUIN.

PANCRACE.

ALlons, mettez le fervice.

Arlequin & Traftulle vont chercher les plats.

PANCRACE *à Lélio.*

Nous avons quatre-cens écus à payer aux Lévantins; il faudra prendre les trois cens que vous a donnés Monfieur Fabrice; & voilà-les cent autres dans cette bourfe en bons fequins.

Arlequin porte les mets, en commençant par le fromage, les fruits & le deffert à la fin : Pancrace s'impatiente.

Traftulle porte la foupe. Arlequin fe met à table pour dîner. Pancrace-le chaffe.

SCENE XV.

OCTAVE, LES PRECEDENS.

OCTAVE.

OH, me voici, me voici.

PANCRACE.

Et ma femme, où eft-elle ?

OCTAVE.

Elle va venir. En attendant, commençons. *Il se met à table.*

PANCRACE.

Elle fera avec fon cher fils.

OCTAVE.

Monfieur Pancrace, la foupe fe réfroidit.

PANCRACE.

Attendons que Madame vienne.

OCTAVE.

Nous la mangerons froide.

LELIO *à part.*

Cet homme ne fçait que manger.

PANCRACE.

La voilà, la voilà ; allons, mettons-nous à table.

SCENE XVI.

BEATRIX, FLORINDE, LES PRECEDENS.

FLORINDE.

Mon cher pere, permettez que je vous baise les mains.

PANCRACE.

Allons, allons, à table. *Béatrix & Florinde s'asseyent.* Quelle nouveauté, Madame, de venir à table en panier?

BEATRIX.

Je dois sortir d'abord après dîner.

PANCRACE.

Pour aller où ? peut-on le sçavoir ?

BEATRIX.

Chez ma commère

PANCRACE.

Fort bien. Saluez-la de ma part.

Octave, tandis que ceux-ci parlent, se sert à lui-même une bonne assiétée de potage. Lélio veut aussi prendre de la soupe.

PANCRACE.

Attendez, Monsieur, ayez du sçavoir vivre, & ne mettez pas la main au plat avant les autres.

LELIO.

Mais notre maître m'en a donné l'exemple.

PANCRACE.

Il a ce droit, & vous ne l'avez pas. *à part.*
Voyez un peu, les Précepteurs ne devroient - ils
as enseigner à leurs éleves la politesse, aussi bien
ue la vertu ? *Il offre du potage à Béatrix.* Pre-
iez, Madame.

BEATRIX.

Tiens, mon fils. *Elle le donne à Florinde.*

PANCRACE.

Je vous l'ai donné pour vous.

BEATRIX.

Et moi je l'ai donné à mon fils.

PANCRACE.

C'est fort bien. Prenez, Lélio. *Il en donne à*
élio.

BEATRIX.

Fort bien ! D'abord à lui ; ensuite à moi.

PANCRACE.

Je vous ai servie la premiere, comme il étoit
fte.

BEATRIX.

Et moi j'ai servi Florinde. Pourquoi faire passer
'lio avant lui ?

PANCRACE.

Parce que Lélio est l'aîné.

BEATRIX.

Comment, il s'agit du droit d'aîneſſe, mêm
au potage ?

PANCRACE.

Fort bien, commençons. Vous ſçavez que j
vous ai dit pluſieurs fois qu'à table je ne vouloi
pas entendre crier. Prenez. *Il lui préſenté l'aſ*
ſiette qu'il vouloit donner à Lélio.

LELIO.

Je ſuis donc le dernier de tous.

PANCRACE.

Prens celle-ci. Tu n'es pas le dernier, puiſqu
tu es ſervi avant ton pere : c'eſt moi qui ſerai l
dernier.

OCTAVE *avançant ſon aſſiette*

Avec votre permiſſion, encore un peu.

PANCRACE *lui donnant le plat.*

Tenez, je m'en paſſerai.

OCTAVE.

Infiniment obligé à vos bontés.

PANCRACE *aux valets.*

Servez.

Traſtulle porte un chapon bouilli, & leve le pla
de la ſoupe. Pancrace découpe cette volaille. Octave
en prend auſſi-tôt une aîle

PANCRACE *à part.*

Voyez, il a déja pris une aîle. Quel malappris!

aut. Monſieur le Précepteur, vous aimiez donc
'aîle ?

OCTAVE.

Oui ; toujours l'aîle.

PANCRACE.

Fort bien ; je l'aime auſſi.

LELIO.

Je prendrai, ſi vous le voulez bien, le crou-
ion. *Il le prend.*

BEATRIX.

Tout à l'heure, il n'y aura plus rien. *Elle prend*
ne cuiſſe, & donne l'autre à Florinde.

FLORINDE *bas à* BEATRIX.

Je ne la veux pas.

BEATRIX *bas.*

Pourquoi ?

FLORINDE *bas.*

Si je n'ai pas le croupion, je ne mangerai pas.

BEATRIX.

Hola, Lélio ; donnez-moi ce croupion.

LELIO.

Madame, excuſez-moi ; ce morceau me con-
ent.

BEATRIX.

S'il vous convient, je veux que vous me le
onniez.

LELIO.

Si c'eſt pour vous, Madame, vous êtes la maî-

treſſe ; mais ſi c'étoit pour mon frere, je crois
que vous ne voudriez pas m'en priver, pour le
lui donner.

BEATRIX.

Il ne peut manger que le croupion.

LELIO.

S'il ne peut manger du reſté, qu'il le laiſſe.

BEATRIX.

L'impertinent ! Entendez-vous, Monſieur le
Précepteur, les belles réponſes que me fait Mon
ſieur Lélio.

PANCRACE.

Je vous ai dit cent fois que je ne voulois poin
de cris à table. Qui veut crier, n'a qu'à ſortii

BEATRIX.

Oui, oui, je ſortirai, je ſortirai.

PANCRACE.

Bon voyage.

BEATRIX.

Allons, Florinde. *Elle ſe leve.*

PANCRACE.

Vous pouvez aller où vous voudrez ; mais lu
il reſtera ici.

BEATRIX.

Viens, viens, j'enverrai acheter une volaill
cuite, & tu en mangeras le croupion.

PANCRACE.

Pour aujourd'hui l'on ne mange pas de croupion. Allez, allez.

BÉATRIX.

Florinde, viens avec moi.

PANCRACE.

Si tu bouges d'ici, je t'aſſommerai de coups de bâton.

BÉATRIX.

Des coups de bâton! Des coups de bâton! Si vous le touchez, malheur à vous! Vous me ferez faire quelque ſottiſe. *à part.* Il vaut mieux que je m'en aille, pour ne pas porter les choſes au pis. Lélio eſt cauſe de tout cela; mais il me le payera.

FLORINDE.

Mon cher pere, ce n'eſt pas ma faute à moi.

PANCRACE.

Eh, eh, Monſieur le Mignard! Nous nous parlerons en tems & lieu.

SCENE XVII.

TRASTULLE, LES PRECEDENS, TIBURCE.

TRASTULLE.

Monsieur, voilà Monsieur Tiburce, qui voudroit vous parler.

PANCRACE.

Dites-lui que nous sommes à table ; mais que, s'il veut entrer, il sera le bien venu.

TRASTULLE.

Vous serez obéi.

TIBURCE.

Excusez-moi, Monsieur Pancrace ; si j'avois cru que vous fussiez à table, je ne serois pas venu.

PANCRACE.

Eh, bon, n'êtes-vous pas le maître ? Approchez un siége.

TIBURCE.

A vous dire vrai, je suis pressé ; si vous ne pouvez pas m'expédier tout de suite, je reviendrai plutôt.

PANCRACE.

Non, Monsieur ; je ne veux pas vous donner cette peine. Combien vous dois-je ?

TIBURCE.

Quatre cens écus : voici le compte.

PANCRACE.

PANCRACE.

C'eft fort bien, quatre cens écus : je l'avois ainfi calculé. Lélio, va dans cette chambre, prends le fac de trois cens écus, & apporte-le ici. Voilà la clef.

LELIO.

J'y vais tout de fuite.

TIBURCE à LELIO.

Je fuis fâché de votre peine.

LELIO bas.

Il faut avouer que cela eft un peu incommode. *Il fort.*

OCTAVE bas à FLORINDE.

Eh, il va prendre le fac.

FLORINDE. bas à OCTAVE.

Je tremble de tout mon corps.

OCTAVE bas.

Du courage ici! De l'effronterie!

PANCRACE.

Affeyez-vous, Monfieur Tiburce.

TIBURCE.

Très-obligé.

PANCRACE.

Si vous voulez me faire le plaifir de dîner, vous êtes le maître.

TIBURCE.

Je vous rends graces ; il y a demie heure que j'ai dîné.

I

PANCRACE.

Donnez à boire à Monfieur.

TIBURCE.

Non pas, je vous prie; je ne bois jamais après le repas.

PANCRACE.

Je ne le fçavois pas. Je vous l'offre de bon cœur.

OCTAVE.

Si Monfieur ne veut pas boire, je boirai moi... Holà, à boire... *Il boit.*

PANCRACE.

Monfieur Octave ne fçauroit boire à la fanté de perfonne ?

OCTAVE.

Ce n'eft plus l'ufage.

SCÈNE XVIII.

LELIO, LES PRECEDENS.

OCTAVE *bas à* FLORINDE.

LE voilà, le voilà.

FLORINDE *bas à* OCTAVE.

Je m'en irois volontiers.

OCTAVE *bas à* FLORINDE.

Point de peur.

LELIO.

Voilà le fac. *Il le donne à Pancrace.*

PANCRACE.

Il me paroît bien léger.

LELIO.

A moi aussi à vous dire la vérité.

PANCRACE *ouvre le fac.*

Qu'est-ce que ceci ? De la cendre, du plomb !
Ce font donc-là les trois cens écus que vous m'a-
vez apportés?

LELIO.

Mais j'ai reçu trois cens écus en or & en argent ; & c'est bien le fac où ils étoient. Je ne fçais
que dire, & j'en demeure ébahi.

PANCRACE.

Je le fuis bien plus que vous. De quoi s'agit-
il ? Vîte, fripon, avouez ce que vous avez fait
de cet argent, & quel tour vous me tramiez.

LELIO.

Je vous affure que je fuis innocent.

PANCRACE.

Tu as mis de tes propres mains le fac dans la
chambre; tu en as fermé la porte. Il n'y a point
d'autre clef que celle-ci pour ouvrir cette porte ;
qui veux-tu donc qui l'ait ouverte?

TIBURCE *à part.*

Avec toutes ces histoires, je ne voudrois pas

perdre mes 400 écus.

OCTAVE.

Vous vouliez aussi vous fier à lui.

FLORINDE.

Si vous mettiez votre confiance en moi, cela n'iroit pas ainsi.

LELIO.

Ils sont tous contre moi. Ils ont tous conjuré de me perdre.

PANCRACE.

Tais-toi, scélérat, indigne; nul autre que toi ne peut avoir fait une pareille friponnerie.

LELIO.

Je vous jure, par tout ce qu'il y a de plus sacré...

PANCRACE.

Doucement, ne jurez point, ne provoquez pas la colére du Ciel, déja trop irrité, Monsieur Tiburce, allons à la banque, je vous compterai votre argent; & toi, infâme, traître, voleur, sors moi tout à l'heure de cette maison; que je ne t'y revoye plus, si tu ne veux pas que je t'immole de mes mains.

LELIO.

Ah, malheureux que je suis! Mon pere par pitié!

PANCRACE.

Hors d'ici, fils indigne! Allons, Seigneur Tiburce.

TIBURCE.

Pauvre pere ! Il fait compaſſion. *à Lélio.* Allez,
vous êtes un bon compagnon.

LELIO.

Riez donc, riez ſcélérats. Le Ciel ſçait ſi vous
n'êtes pas les voleurs, & vous faites paſſer un
pauvre innocent pour coupable. Le Ciel eſt juſte.
Le Ciel dévoilera la vérité. Si je le croyois, ſi je
le ſçavois, je m'en vengerois contre toi. (*à Octave*)
Scélérat, impoſteur, maudit hypocrite. *Il ſort.*

OCTAVE.

Avez-vous entendu ? C'eſt à moi qu'il en veut.

FLORINDE.

Ne diſons mot.

OCTAVE.

Je ne parlerai point.

FLORINDE.

Je veux aller chez ma mere.

OCTAVE.

Allez, allez.

FLORINDE.

En tout cas ma mere m'aſſiſtera, me défendra.
Il ſort.

OCTAVE.

On ne ſert plus rien ſur la table. Je m'en vais
achever de dîner à la cuiſine. *Il ſort.*

SCENE XIX.

Le Théâtre repréfente une chambre dans la mai-
fon du Doƈeur GERONTE, avec des fiéges.

BÉATRIX, ELEONORE.

ELEONORE.

OH, Madame Béatrix, quel miracle, que
vous daigniez nous venir voir !

BEATRIX.

Vous fçavez que je vous ai toujours aimée.

ELEONORE.

Attendez ; voulez-vous que j'appelle ma fœur
Rofaure ?

BEATRIX.

Quoi ! Mademoifelle Rofaure eft ici dans la
maifon ? Elle ne demeure donc plus chez fa tante?

ELEONORE.

Ce matin elle eft revenue à la maifon.

BEATRIX.

Se porte-elle bien ? Eft-elle en bonne fanté ?

ELEONORE.

Attendez, je l'appellerai.

BEATRIX.

Non, non ; pour le moment je fuis bien aife

d'être seule avec vous. J'ai à vous parler en secret.

ELEONORE,

Comme vous voudrez ; asseyez-vous.

BEATRIX.

Ma chere fille , parlez-moi librement, comme si j'étois votre mere. Vous marieriez-vous volontiers ?

ELEONORE.

Pourquoi non ? Si mon pere y consentoit , & qu'il se présentât une bonne occasion , j'en profiterois certainement.

BEATRIX.

Et si votre pere vous destinoit Florinde pour époux, l'accepteriez-vous ?

ELEONORE.

Pourquoi non ?

BEATRIX.

Il vous plaît donc ?

ELEONORE.

Il n'est pas fait pour déplaire.

BEATRIX.

Ecoutez , Mademoiselle Eléonore , il faut vous dire tout : je ne suis pas venue ici pour une simple visite de cérémonie; mais comme je suis dans le dessein d'établir Florinde , mon fils , je chercherois l'honneur de vous avoir pour bru.

ELEONORE,

L'honneur feroit de mon côté, Je ne fuis pas digne d'une telle fortune.

BEATRIX,

Les complimens font inutiles. Si vous voulez, nous pouvons conclure enfemble, fans autre mé-diation,

ELEONORE.

En avez-vous parlé à mon pere ?

BEATRIX.

Non, pas encore ; mais je lui en parlerai,

ELEONORE.

Eh bien, faites-moi la grace de fçavoir d'abord fon fentiment, & vous pouvez compter fur le mien,

BEATRIX,

Mais fi votre pere n'eft pas actuellement ici, ne pourrions-nous pas traiter d'affaires entre nous?

ELEONORE.

Ma chere Dame, je ne voudrois pas que nous fiffions nos comptes fans notre hôte. Confultons d'abord mon pere.

BEATRIX.

Mon fils ne doit pas tarder à venir : fi vous le voulez bien, je le ferai entrer quand il arrivera.

ELEONORE.

Oh non, pardonnez-moi, cela ne fe peut; s'il

vient, je me retire.

BEATRIX.

Pourquoi ?

ELEONORE.

Mon pere m'a dit abfolument qu'il ne vouloit pas que je parlaffe à aucun homme fans fa permiffion. Je lui ai toujours obéi, & je ne lui défobeirai pas dans cette occafion.

BEATRIX.

Mais, avec votre permiffion, vous l'entendez mal.

ELEONORE.

Oh, dès que j'obéis à mon pere, je fçais que je l'entends très-bien.

SCENE XX.

FLORINDE, LES PRECEDENS.

FLORINDE *à la porte de la chambre.*

MA mere.

BEATRIX.

Que veux-tu, mon fils ? Y a-t-il long-tems que tu es arrivé ?

FLORINDE.

Si long-tems, que je n'y puis plus tenir.

BEATRIX.

Un peu de patience.

FLORINDE.

J'ai un mot à vous dire ; mais je ne sçaurois m'en dispenser.

BEATRIX.

Pour un mot, (*à Eléonore*) vous le laisserez bien entrer. Viens, viens.

FLORINDE.

Me voici. *Il entre.*

ELEONORE.

Avec votre permission. *Elle se leve & s'en va.*

S C E N E   X X I.

BEATRIX, FLORINDE, *ensuite* ROSAURE.

BEATRIX.

B Elle éducation ! As-tu vû le respect qu'elle a pour moi, le bel amour qu'elle a pour toi ? Crois-tu qu'elle mérite d'être ma bru ? Et aurois-tu le courage d'épouser cette impertinente ? Laisse-la aller. Tu ne manqueras pas de filles plus jolies, & mieux élevées que celle-la.

FLORINDE.

Ecoutez, ma mere. A vous parler net, je n'ai pas une passion bien forte pour Mademoiselle Eléonore. Je veux me marier. Donnez-moi celle-la ; donnez-m'en une autre : pourvû que j'aye une femme, cela m'est égal.

ROSAURE.

Qui eſt-ce ? Qui eſt ici ? Qui eſt-ce qui eſt dans
cette chambre ?

BEATRIX.

Ah , Mademoiſelle Roſaure , je ſuis charmée
de vous revoir.

ROSAURE.

Que le Ciel vous béniſſe , Madame Béatrix.
Eſt-ce là votre fils ?

BEATRIX.

Oui , Mademoiſelle.

ROSAURE.

Plaiſe au Ciel qu'il ſoit honnête homme !

FLORINDE.

Votre ſerviteur , Mademoiſelle.

ROSAURE.

Votre ſervante très-humble. Mais comment !
Il n'y a perſonne ici pour faire les honneurs à Madame Béatrix ?

BEATRIX.

Mademoiſelle Eléonore a été ici juſqu'à ce moment. Elle vouloit vous appeller ; mais je n'ai pas
voulu vous incommoder.

ROSAURE.

Que le Ciel reconnoiſſe vos bontés. J'étois oc-
cupée à lire un chapitre contre les médiſans. Oh ,
le déteſtable vice que la médiſance ! Oh , quel

tort ne font pas au prochain les mauvais difcours !
Et cependant rien de plus commun que la médi-
fance, fur-tout parmi notre fexe.

BEATRIX.

Que vous êtes heureufe d'être fi bien inftruite
& fi éclairée !

ROSAURE.

Par la grace de Dieu, j'abhorre ce vice plus
que l'enfer.

BEATRIX.

Vous êtes une perfonne diftinguée; mais votre
fœur ne vous reffemble guères.

ROSAURE.

A vous parler franchement, ma fœur eft un
peu étourdie.

BEATRIX.

Elle m'a laiffée avec la plus grande incivilité du
monde.

ROSAURE.

Elle eft mal élevée. Oh, c'eft ma tante, c'eft
celle-la qui entend à élever des filles.

BEATRIX.

Elle prétend fe marier avec ce joli homme.
C'eft un païfan qu'il lui faut, & non pas un garçon comme celui-la.

ROSAURE.

Pardonnez à ma jufte curiofité. Il y a peut-être

quelque intrigue entre ma fœur & M. Florinde?
BEATRIX.

Je ne veux pas vous cacher la vérité. Mon fils a
quelque inclination pour elle ; & fi elle ne m'a-
voit pas fait une impoliteffe, peut-être-bien qu'il
l'auroit prife.
ROSAURE.

O ma chere Dame, je ne vous conseillerois pas
un fi mauvais parti.
BEATRIX.

Pourquoi, ma chere amie ? Parlez moi avec
franchife.
ROSAURE.

Quoiqu'elle foit ma fœur, je fuis obligée de
dire la vérité.
BEATRIX.

Dites-la moi, je vous prie.
ROSAURE.

Elle n'eft pas méchante, mais elle eft fiere. Elle
n'a pas un mauvais naturel, mais elle n'eft bonne
à rien dans une maifon. Elle eft fage & modeste,
mais elle fe plaît,..... Mais je ne veux point mé-
dire.
BEATRIX.

Elle fe plaît à faire l'amour ? N'eft-ce pas?
ROSAURE.

Il ne faut pas jafer de fon prochain, ni fur-tout
d'une fœur.

BEATRIX.

Vous pouvez parler librement avec moi. Florinde, retire-toi un peu.

ROSAURE.

Pardon, Monſieur Florinde.

FLORINDE.

Ne vous gênez pas, Mademoiſelle.

ROSAURE *bas.*

Qu'il a bien l'air d'un jeune homme de mérite !

BEATRIX.

Et bien, racontez-moi donc. Cette ſœur ne ſçait donc pas ſe contenir ?

ROSAURE.

La pauvre fille eſt bien excuſable. Elle n'a point de mere ; le pere n'eſt pas toujours à la maiſon ; les ſervantes ne veillent pas toujours. O liberté ! liberté !

BEATRIX.

Y a-t-il quelque action équivoque ?

ROSAURE.

Non, par la grace du Ciel. Mais les filles, quand elles ne ſe comportent pas avec une certaine prudence, ne trouvent pas ſi facilement un mari.

BEATRIX.

A ce que je comprends, votre ſœur a bonne envie de ſe marier ?

ROSAURE.

La pauvre fille ! J'ai bien peur qu'elle ne vieil-
lisse avant.

BEATRIX.

Votre pere qui est un homme riche , & qui n'a
point d'enfans mâles, voudra pourtant se procurer un gendre , avant de mourir.

ROSAURE.

La prudence l'exige.

BEATRIX.

Comment aura-t-il un gendre , s'il ne marie
pas Mademoiselle Eléonore ?

ROSAURE.

Il compte sur moi.

BEATRIX.

Ah , vous êtes disposée au mariage ? Je m'en
réjouis extrêmement.

ROSAURE.

Il le faudra bien pour obéir à mon pere.

BEATRIX.

On m'avoit dit que vous ne vouliez pas quitter
votre tante.

ROSAURE.

Il est vrai qu'il m'en a coûté des larmes pour
me séparer d'elle.

BEATRIX.

Pourquoi votre pere vous a-t-il fait renoncer à
une vie si heureuse ?

ROSAURE.

Pour me jetter dans les embarras du mariage.

BEATRIX.

Mais pourquoi ne pas marier son autre fille ?

ROSAURE.

Oh, Madame, on ne veut que moi. Plus de vingt partis se font présentés à mon pere, tous pour moi. Personne ne s'adresse à ma sœur.

BEATRIX.

Il est vrai qu'elle est dédaigneuse. A peine a-t-elle vû entrer mon fils dans la chambre, qu'elle s'est aussi-tôt enfuie.

ROSAURE.

Elle s'en est allée ? Pauvre jeune homme ! Elle lui a fait ce vilain tour ?—

BEATRIX.

Elle le lui a joué.

ROSAURE.

Je n'en aurois pas eu le cœur, moi. C'est un garçon si sage !

BEATRIX.

Écoutez, Mademoiselle Rosaure. Puisque vous êtes disposée à vous marier, si mon fils ne vous déplaît pas, je vous l'offre.

ROSAURE.

Puisque mon pere veut me forcer à prendre le rude parti du mariage, je préfére votre fils à tout autre.   BEATRIX.

BEATRIX.

Il faudra donc en parler à M. votre pere.

ROSAURE.

Mon pere ne dira pas non. Prenons les arran-
gemens entre nous.

BFATRIX.

O la jolie enfant ! Qu'elle me plaît ! Attendez
un moment ; je fuis à vous. *Elle s'approche de
Florinde.*

ROSAURE *à part.*

Bon. Ma fœur cadette voudroit fe marier
avant moi. Ma tante m'a bien avertie de ne pas
me laiffer faire ce paffe-droit.

BEATRIX.

Florinde.

FLORINDE.

Madame.

BEATRIX.

Dis-moi un peu : au lieu de Mademoiselle
Éléonore, ferois-tu difficulté d'époufer Mâde-
moifelle Rofaure ?

FLORINDE.

Cette petite dévote ?

BEATRIX.

Cette fille fage, vertueufe, & de fi bonnes
mœurs.

FLORINDE.

Pourquoi pas ? Je le veux bien.

K

BEATRIX.

Veux-tu que je lui en parle ?

FLORINDE.

Oui , parlez-lui en. Je vous l'ai déja dit,
pourvu que ce soit une femme , cela me suffit.

BEATRIX *bas.*

Elle a mille ducats en dot.

FLORINDE.

Cela est très bon.

BEATRIX.

Elle n'a point de vanité.

FLORINDE.

Encore mieux.

BEATRIX.

Elle n'a point de folies dans la tête.

FLORINDE.

Parlez-lui promptement.

BEATRIX.

Je crois encore qu'elle ne te veut point de
mal.

FLORINDE.

Eh bien donc, vous me faites languir.

BEATRIX.

Tout à l'heure , tout à l'heure. Mademoiselle
Rosaure , si cela vous agrée , Florinde, mon fils,
vous desire pour compagne.

ROSAURE.

Est-ce vrai ?

FLORINDE.

Oui, Mademoiselle, cela est vrai.

ROSAURE.

Je vous en suis obligée.

BEATRIX.

Eh vous, Mademoiselle, le souhaitez-vous
pour votre époux?

ROSAURE.

Oh, patience ! Oui, Madame.

BEATRIX.

Eh bien, donnez-vous tous les deux une parole
mutuelle dont vous ne puissiez vous dégager.
A toi, Florinde : promets & jure d'épouser Mademoiselle Rosaure.

FLORINDE.

Je promets & je jure d'épouser Mademoiselle
Rosaure.

BEATRIX.

Et vous, Mademoiselle, faites-vous le même
serment?

ROSAURE.

Oh, je ne jure pas, moi.

BEATRIX.

Pourquoi?

ROSAURE.

Parce que je n'ai jamais juré, ni ne jurerai jamais.

BEATRIX.

Comment voulez-vous que Florinde soit sûr de votre foi ?

ROSAURE.

On pourroit faire autre chose.

BÉATRIX.

Et quoi ?

ROSAURE.

Epouser tout de suite.

BEATRIX.

Et votre pere ?

ROSAURE.

Il est si bon. Il approuvera tout.

BEATRIX *à part.*

Celle-ci n'y regarde pas de si près que l'autre. *Haut.* Ma fille, je veux bien que nous fassions les choses promptement, mais non pas avec tant de précipitation. Demain on concluera. Oh çà, ma chere, ou plutôt ma fille, je retourne chez moi. Nous nous reverrons demain.

ROSAURE.

Vous vous en allez ?

BEATRIX.

Oui, je m'en vais.

ROSAURE.

Et M. Florinde aussi ?

BEATRIX.

Voudriez-vous que je le laissasse seul avec vous ?

ROSAURE.

Le Ciel m'en préserve.

FLORINDE.

Adieu, ma chere épouse.

ROSAURE.

Ne me dites pas ce mot. Il me fait rougir.

FLORINDE.

Aimez-moi un peu. *Ils sortent.*

ROSAURE.

Je ferai mon devoir à cèt égard. Que dira
Octave de moi ? Je lui avois donné quelque espérance de le choisir pour époux ; mais celui-ci est
tendre & riche. Ma tante m'a fort bien appris
qu'on ne tient point une parole à son préjudice,
& que lorsqu'on a trouvé une bonne fortune, il
ne faut pas la laisser échapper des mains.

Fin du second Acte.

K iij

ACTE TROISIEME.

SCENE PREMIERE.

Le Théatre repréfente une chambre dans la maifon de Pancrace, avec des lumieres.

FLORINDE, OCTAVE.

OCTAVE.

SÇavez-vous la nouvelle ? Lélio ne fe trouve plus. Il a tellement eu peur de fon pere, qu'il a pris la fuite ; & l'on ne fçait où il s'eft retiré.

FLORINDE.

C'eft fa faute. Il veut vivre à fa mode, au lieu de s'entendre avec nous.

OCTAVE.

Mais fi nos affaires fe découvrent, quel tour cela prendra-t-il pour nous?

FLORINDE.

Oh, ne vous inquiétez pas. Ma mere rajuftera tout.

OCTAVE *bas.*

Voilà l'illufion ordinaire des enfans. Ils comptent toujours fur leurs meres.

FLORINDE.

Mais moi , M. le Maître, j'ai à vous faire part d'une nouvelle bien plus agréable.

OCTAVE.

Oui ? Dites-la moi. J'en aurai du plaisir.

FLORINDE.

Vous ne sçavez pas que je suis marié.

OCTAVE.

Je m'en réjouis. Et avec qui ?

FLORINDE.

Avec la fille du Docteur Géronte.

OCTAVE.

Bon , bon. Je m'en réjouis de nouveau. Vous m'en avez l'obligation à moi, qui vous ai introduit chez elle.

FLORINDE.

Cela est vrai. Vous avez le mérite de m'avoir conduit dans cette maison ; mais quant à la fille , vous n'avez rien fait auprès d'elle pour moi.

OCTAVE.

Comment ? Je ne vous ai pas fait asseoir à côté d'elle? Je ne vous ai pas mis à portée de lui parler ? Je ne vous ai pas proposé de vous marier en-semble ?

FLORINDE.

Tout ce que vous dites là regarde Mademoi-selle Eléonore ; mais ce n'est pas elle que j'épouse.

K iij

OCTAVE.

Non ? Et qui eſt-ce donc ?

FLORINDE.

Mademoiſelle Roſaure.

OCTAVE.

Allez, vous êtes fou.

FLORINDE.

Vous ne voulez pas le croire ?

OCTAVE.

Mademoiſelle Roſaure ne veut point de mari,
à part, ſi ce n'eſt moi.

FLORINDE.

Je vous dis abſolument que c'eſt elle qui doit
être mon épouſe.

OCTAVE.

Et depuis quand ?

FLORINDE.

D'aujourd'hui. Depuis quelques heures.

OCTAVE.

Qui s'eſt mêlé de ce manége ?

FLORINDE.

Ma mere.

OCTAVE.

Et vous y avez conſenti ?

FLORINDE.

Très-volontiers.

OCTAVE *à part.*

Que la pefte te crêve ! *Haut.* Et la fille, que dit elle ?

FLORINDE.

Que le moment d'époufer ne viendra jamais affez tôt.

OCTAVE *à part.*

Que le diable l'emporte ! *Haut.* Mais votre le fien, que difent-ils ?

FLORINDE.

Quant au mien, peu m'importe. Pourvû que ma mere foit contente, cela fuffit : & de fon côté, Mademoifelle Rofaure eft difpofée à ne faire qu'à fa guife.

OCTAVE *à part.*

Courage, petite prude, courage ! *Haut.* Mais moi, mon fils, je ne vous confeillerois pas de prendre une femblable réfolution fans en faire part à votre pere.

FLORINDE.

Si je lui en parle, je ne me marie point d'aujourd'hui.

OCTAVE.

Mais quand il le fçaura, vous aurez du bruit enfemble.

FLORINDE.

Bon, une furprife ne dure jamais que trois jours. Le tems raccommode tout.

OCTAVE.

Vous connoiffez le tempérament dé Monfieur Pancrace.

FLORINDE.

Je me repôfe fur la protection de ma mere.

OCTAVE à part.

Ah, l'indigne mere! Femme fcélérate! A Florinde. Comment 'avez vous fait pour devenir fi vîte amoureux de Rofaure?

FLORINDE.

Moi, je n'en fuis point amoureux.

OCTAVE.

Vous n'en êtes pas amoureux, & vous voulez l'époufer?

FLORINDE.

Je prends une femme pour être à la tête d'une famille, pour fortir de la fujettion de mon pere, pour être le maître de mon bien, pour avoir la portion de mon héritage paternel, pour me féparer de mon frere, pour faire & vivre à ma fantaifie.

OCTAVE.

Ah, mon fils, vous vous en repentirez. Ecoutez le confeil d'un homme qui ne veut que votre bien.

FLORINDE.

Je n'ai pas befoin de vos confeils.

OCTAVE.

Je fuis votre maître, & vous devez m'écouter.

FLORINDE.

Oui. Vous êtes le maître qui m'enfeignez à jouer, & à écrire des déclarations d'amour.

OCTAVE.

Omnia tempus habent. Quand c'eft le tems de jouer, on joue. A préfent c'eft le tems de réformer fes mœurs.

FLORINDE.

Songez à réformer les vôtres. Vous en avez plus befoin que moi.

OCTAVE.

Vous êtes un infolent.

FLORINDE.

Vous êtes un bouffon.

OCTAVE.

Eft-ce ainfi que vous traitez votre Précepteur ?

FLORINDE.

C'eft ainfi que je traite celui qui me prête la main pour la galanterie & pour voier. *Il fort.*

OCTAVE.

Ah, il me coupe dans le vif. Je ne puis lui répondre comme je voudrois, parce que dans le fait j'ai eu trop de complaifance pour lui. Mais quoi ! Laifferai-je faire ce mariage ? Perdrai-je l'efpérance d'obtenir Rofaure ? Non, cela ne fera point. La jalousie me dit ici de solliciter, d'agir, de prévenir, de tout tenter ; & s'il le faut, de mettre les choses au pis.

SCENE II.

PANCRACE, GERONTE.

PANCRACE.

MOn cher Monsieur Géronte, je suis bien en peine.

GERONTE.

J'en sçais la cause. Je suis pere, moi aussi, & je prends part à votre chagrin.

PANCRACE.

Vous sçavez donc ce que m'a fait mon fils Lélio ?

GERONTE.

Votre fils Lélio n'est pas capable d'une méchanceté pareille.

PANCRACE.

L'avez-vous vû ? Sçavez-vous où il est ?

GERONTE.

Je l'ai vû, & je sçais où il est.

PANCRACE.

Le Ciel en soit béni ! Ecoutez, mon ami, je vous ouvre mon cœur. Il me fâche un peu de

perdre ces trois cens écus ; mais enfin cela ne sera
pas ma ruine. Ce qui me désole, c'est de perdre
un fils qui jusqu'à ce moment ne m'avoit pas
donné d'autres chagrins ; un fils qui me faisoit espérer qu'il seroit le soutien de ma vieillesse.

GERONTE.

Croyez-vous véritablement que ce soit Lélio
qui vous ait dérobé ces trois cens écus ?

PANCRACE.

Ah, cela n'est que trop vrai. Un autre que lui ne
peut les avoir pris. Monsieur Fabrice m'a assuré
qu'il avoit consigné cet argent entre les mains de
Lélio , & voilà le mémoire qui constate les espé-
ces. *Il montre un papier.*

GERONTE.

Et moi, je crois qu'il est innocent.

PANCRACE.

Plût au Ciel ! L'avez-vous vû ? Lui avez-vous
parlé ?

GERONTE.

Je l'ai trouvé dans la rue qui se désoloit. Il m'a
conté la chose , & m'a tout-à-fait attendri. L'a-
mitié qui est entre vous & moi m'a engagé à le
tranquillifer, à le consoler. Je lui ai fait espérer
que la vérité viendroit à se sçavoir, que je par-
lerois à son pere , que tout se rajusteroit ; & l'em-
brassant comme mon propre fils , je l'ai conduit à

la maifon, & je l'ai empêché de fe porter à un
coup de défefpoir.

PANCRACE.

Je vous remercie de cet acte de charité. Eft-il
chez vous actuellement ?

GERONTE.

Oui, il eft chez moi. Mais je vous dirai que je
l'ai enfermé dans une chambre, & que j'en ai pris
les clefs avec moi. Car j'ai deux filles à marier ; &
je ne voudrois pas, pour faire une bonne action,
courir les rifques d'une mauvaife.

PANCRACE.

Vous avez deux filles à marier ?

GERONTE.

Je les ai certainement, & je n'ai point d'autres
enfans qu'elles. Le peu que j'ai au monde fera
tout pour elles.

PANCRACE.

Oh, fi vous fçaviez combien il y a de tems
que j'y penfe, & combien de fois j'ai été tenté de
vous en demander une pour un de mes fils !

GERONTE.

Ce feroit bien le plus grand plaifir que je pûffe
defirer. Vous fçavez quel cas je fais de vous, &
fuis fûr que je ne fçaurois mieux placer une de
mes filles.

PANCRACE.

Mais à préfent je n'ai pas le courage de vous la demander.

GERONTE.

Non ? Pourquoi ?

PANCRACE.

Parce que Florinde eft encore trop jeune, & n'a pas le jugement formé. Il eft d'un certain caractere qui fait que je ne me preffe pas de lui donner une femme. Je m'étois propofé d'établir Lélio comme l'aîné, & parce qu'il me paroiffoit avoir plus de conduite & plus de bon fens ; mais à préfent je ne fçais que dire. Cette affaire des trois cens écus me met en perpléxité. Je ne voudrois pas ruiner une pauvre fille, & je n'ai pas le cœur de propofer aux autres un parti qui ne me conviendroit pas, à moi.

GERONTE.

Vous avez raifon. Parler d'un mariage, c'eft traiter du repos de deux familles. Tâchons d'éclaircir la vérité. Procédons avec politique entre vous & moi. Vous avez dans votre maifon d'autres gens, un autre fils, des domeftiques. Qui fçait ? Il fe pourroit fa re qu'un autre fût le voleur, & que Lélio fût innocent.

PANCRACE.

Plût au Ciel qu'il en fût ainfi ! Dans ce cas,

lui donneriez-vous une de vos filles en mariage ?

GERONTE.

Fort volontiers. De tout mon cœur.

PANCRACE.

Vous me confolez, mon cher Docteur Géronte.
Ah, le bon ami que vous êtes !

GERONTE.

C'eft dans une occafion délicate ; c'eft dans les
chagrins qu'on connoît un véritable ami.

PANCRACE.

Les peines font bien communes, & les vrais
amis bien rares.

GERONTE.

Leur rareté doit les faire chérir & cultiver davantage.

PANCRACE.

Hélas ! Souvent on croit cultiver des amis , &
ce font des ennemis.

GERONTE.

Pour les bien diftinguer , il faut avoir un grand
difcernement.

PANCRACE.

La lumiere de l'efprit eft fouvent obfcurcie par
les fumées de la paffion.

GERONTE.

Seigneur Pancrace , je fuis ravi de voir que
vous commencez auffi à parler en philofophe.

PANCRACE.

PANCRACE.

Nous sommes tous philosophes ; mais chacun
se forme une philosophie à sa façon.

GERONTE.

Votre philosophie, comment est-elle faite ?

PANCRACE.

D'une maniere très-aisée pour moi, & pour
quiconque m'écoutera.

GERONTE.

Que vous dit-elle donc cette philosophie, sur
le cas où se trouve votre fils ?

PANCRACE.

Elle me suggére trois argumens, plus beaux
l'un que l'autre : argumens d'un homme qui
n'est pas Docteur ; d'un Marchand, plutôt que
d'un Philosophe. Le premier me fait craindre ;
le second me fait espérer ; le troisiéme me tient
entre la crainte & l'espérance. Ecoutez le premier :
Lélio a mis l'argent dans cette chambre ; Lélio a
fermé la porte ; Lélio est allé demie heure après
pour reprendre cet argent ; il ne s'est pas trouvé :
donc Lélio l'a volé. Ecoutez mon second argu-
ment : Si Lélio vouloit me voler, il pouvoit se
dispenser de m'apporter cet argent à la maison. Il
me l'a fidélement apporté : donc il ne l'a pas volé.
Ecoutez le troisiéme : Si Lélio ne me l'a pas dérobé, il est innocent. S'il me l'a dérobé, il peut

L

s'en repentir & revenir à lui ; ainſi ſon innocence & ſon repentir doivent donner de la conſolation à un pere qui aime ſes enfans, ſa maiſon & ſa ré-putation. *Il ſort.*

GERONTE.

Je vais tâcher de contribuer autant que je pourrai, à la tranquillité de mon ami. Je prends part à ſon affliction , & je puis dire avec aſſu-rance : *Amicus eſt alter ego.*

SCENE III.

Le Théatre repréſente une ſalle dans la maiſon du Docteur Géronte , avec une porte fermée d'un côté , & une fenêtre de l'autre : des flambeaux ſur une table.

ELEONORE, ROSAURE.

ELEONORE.

QU'eſt-ce donc que mon pere a enfermé dans cette chambre ? Il faut dire le vrai, je ſuis bien curieuſe de le ſçavoir. Je voudrois regarder par le trou de la ſerrure ; mais je ne voudrois pas qu'on me vît. Je m'approcherai tout doucement. Je ne crois pas que l'homme qu'on a enfermé ſe trouve préciſément à la porte pour me voir. Je mettrai la lumiere un peu plus de côté. *Elle s'approche, & regarde par le trou de la ferrure.* Ah, que vois-je! Monfieur Lélio, lé fils du Seigneur Pancrace! Il eft tout prêt de la lumiere; je l'ai très-bien reconnu. Que fait-il dans cette chambre? *Elle regarde comme auparavant.*

ROSAURE.

Ma fœur, que faites-vous là?

ELEONORE.

Doucement. Ne faites pas de bruit. *Elle regarde encore.*

ROSAURE.

Que regardez-vous avec tant d'attention?

ELEONORE.

On a enfermé là dedans un jeune homme.

ROSAURE.

Un jeune homme? Et qui l'a fait entrer là?

ELEONORE.

Mon pere.

ROSAURE.

Le connoiffez-vous, ce jeune homme?

ELEONORE.

Qui vraiment. C'eft Monfieur Lélio, le fils aîné du Seigneur Pancrace.

ROSAURE.

Le frere de M. Florinde?

ELEONORE.

Juftement.

ROSAURE.

Et il eft l'aîné.

ELEONORE.

Sans doute. C'eft le fils du premier lit.

ROSAURE.

Il fe mariera donc avant fon frere.

ELEONORE.

Raifonnablement cela doit être ainfi.

ROSAURE.

Eh, dites-moi : eft-il bien fait ce M. Lélio ?

ELEONORE.

C'eft un jeune homme de bonne mine. Je prens plaifir à voir de certains geftes de furprife qu'il fait. *Elle regarde comme auparavant.*

ROSAURE.

Allez, allez, ma fœur ; c'eft affez regarder. Ne vous laiffez pas trop entraîner par la curiofité. C'eft un défaut très-vilain, & qui peut avoir de fâcheufes conféquences.

ELEONORE.

Et que peut-il arriver de mal, quand je regarderai un jeune homme par le trou d'une ferrure ?

ROSAURE.

Pauvre fille ! Vous êtes trop enfant ; on vous a mal élevée. Vous ne fçavez rien. Vous pourriez voir des chofes qu'il ne convient pas que vous voyiez.

ELEONORE.

Puifque c'eft ainfi ; afin que vous ne me foup-çonniez pas d'avoir aucune mauvaife intention , non feulement je ne regarderai plus, mais je fortirai même de cette chambre. .

ROSAURE.

Vous ferez très-bien. C'eft le devoir des perfonnes vertueufes, de fuir les occafions, & d'éviter jufqu'à l'ombre du danger.

ELEONORE.

Ma fœur , je vais dans ma chambre. Voulez-vous venir avec moi ?

ROSAURE.

Non, non , allez. Que le Ciel vous accompagne !

ELEONORE *à part.*

Combien je donnerois pour fçavoir à propos de quoi mon pere a enfermé ce jeune homme là dedans ! A parler franchement , il ne me déplaît pas. Que je le prendrois bien volontiers pour époux ! Mais il faut attendre que notre prude fe marie. *Elle fort.*

S C E N E   I V.

ROSAURE, *enfuite* ELEONORE.

ROSAURE.

UN jeune homme là dedans ! Pourquoi donc?
Oh, je veux le voir un peu. Ah, qu'il eſt beau!
Le pauvre garçon ! Il ſoupire ; il me fait pitié. Si
je pouvois, je le conſolerois. Il pleure, le pauvre miſérable, il pleure ! Ah, ſi c'étoit par amour
pour moi ! Pourquoi mon pere l'a-t-il enfermé là?
Mais j'ai donné ma parole à Florinde : & ſi Florinde ne vient point? .. En vérité je ne ſçais lequel
des deux, de Florinde ou de celui-ci, me touche
davantage. Tous les deux me plaiſent ; mais celui-
ci me paroît plus bel homme. *Elle regarde par le
trou.*

ELEONORE.

Courage, Mademoiſelle ma ſœur, vous n'a-
vez pas de curioſité, vous !

ROSAURE.

Non, ma très - chere ſœur, cela ne s'appelle
point curioſité.

ELEONORE.

Mais, qu'eſt-ce donc qui vous porte à regarder
là dedans?

ROSAURE.

La charité envers le prochain.

ELEONORE.

Comment, la charité ?

ROSAURE.

J'entendois un homme se plaindre & soupirer ;
je n'ai pu faire moins que de chercher à connoître
son mal, pour lui procurer du reméde. *On frappe
à la porte de la rue.*

ELEONORE.

On vient de frapper à la porte de la rue.

ROSAURE.

Regardez qui c'est.

ELEONORE.

Vous pouvez y regarder vous-même.

ROSAURE.

Moi, je ne mets jamais la tête à la fenêtre. La
modestie ne me le permet pas.

ELEONORE.

Sans tant de façons, je vais y voir.

ROSAURE.

Pauvre jeune homme, être ainsi renfermé ! Il
souffrira.

ELEONORE.

Sçavez-vous qui c'est ?

ROSAURE.

Qui donc ?

L iv

ELEONORE.

Monfieur Florinde.

ROSAURE.

Lui avez-vous ouvert ?

ELEONORE.

Vous me croyez bien folle. Je n'ouvre jamais à perfonne, quand mon pere n'y eft pas.

ROSAURE.

Vous l'avez donc renvoyé ?

ELEONORE.

A vous parler franc, je ne lui ai rien dit du tout.

ROSAURE.

Sans doute qu'il a affaire à notre pere : faifons-le entrer.

ELEONORE.

Mais notre pere n'eft pas ici.

ROSAURE.

Eh bien, il l'attendra.

ELEONORE.

Et en attendant, il demeureroit là avec nous ?

ROSAURE.

Eh bien, pour agir en filles fages & prudentes, retirons-nous dans nos chambres, & laiffons Monfieur Florinde parler à fon frere.

ELEONORE.

Il y a moins d'inconvéniens à cela. Allons nous-en. *Elle fort.*

ROSAURE.

La compagnie de ma sœur dérange tous mes projets. Je reviendrai dans un meilleur tems. *Elle fort.*

_____

SCENE V.

FLORINDE , *enfuite* ROSAURE.

FLORINDE.

COmment, Mademoiselle Rosaure m'ouvre la porte, me fait entrer, puis elle s'enfuit, & ne veut pas me parler ? Que veut dire cela ? Elle redoute peut-être la présence de sa sœur, & le courroux de son pere ; ou bien elle voudroit m'inquiéter sans doute, pour me faire acheter son amour un peu cherement. A présent que je viens de perdre cinquante écus au jeu, j'ai besoin de me divertir ; mais je suis bien fou de perdre mon tems après cette sotte fille. J'aurois bien mieux fait de conclure avec Colombine, qui, sans autre compliment, étoit toute disposée à mes volontés. Eh bien , si Mademoiselle Rosaure me fait languir, je retourne de ce pas vers Colombine; il est vrai qu'elle sera rebutée, à cause de la bague & des bracelets qu'on lui a pris. Mais ceux-ci sont encore plus beaux, ils pesent davantage ; ils raccommoderont tout.

Voilà tout ce qui m'eſt reſté des trois cens écus.
Je n'ai plus un ſols : mais voici Mademoiſelle Roſaure.

ROSAURE.

Mon cher Florinde , vous avez été bien long-
tems à venir me voir ?

FLORINDE.

Me voici, ma chere épouſe , me voici tout-à-
fait à vous.

ROSAURE.

Mais, juſte Ciel ! quand eſt-ce donc que nos
nôces s'acheveront ?

FLORINDE.

Tout à l'heure, ſi vous voulez.

ROSAURE.

Votre pere les approuvera-t'il ?

FLORINDE.

Ni le vôtre ni le mien n'y conſentiront : mais
le conſentement de ma mere ne vous ſuffit-il pas?

ROSAURE.

Je ne ſçais que vous dire. Il faudra bien qu'il
ſuffiſe.

FLORINDE.

Si vous voulez venir, je vous conduirai chez
elle.

ROSAURE.

Que j'aille tête à tête avec vous ?

FLORINDE.

Vous êtes mon épouſe.

ROSAURE.

Oh non, pas encore.

FLORINDE.

Bon, ſi nous attendons à demain ; je doute que vous la ſoyez jamais.

ROSAURE.

Hélas ! Dites-vous vrai ?

FLORINDE.

Si nos peres viennent à le ſçavoir, c'eſt une affaire rompue.

ROSAURE.

Que devons-nous donc faire ?

FLORINDE.

Il faut s'échaper dès ce ſoir.

ROSAURE.

Mais, comment ?

FLORINDE.

Venez avec moi.

ROSAURE.

La modeſtie me le défend.

FLORINDE.

Reſtez donc avec Madame la modeſtie ; pour moi, je m'en vais.

ROSAURE.

Attendez... Hélas !.. Et vous auriez le cœur

de me laisser ?

FLORINDE.

Et vous auriez le cœur de ne me pas suivre ?

ROSAURE.

Où ?

FLORINDE.

Chez ma mere.

ROSAURE.

Chez votre mere ? Chez ma belle mere ?

FLORINDE.

Oui.

ROSAURE.

Eh , cela se pourroit encore faire.

FLORINDE.

Allons, déterminez-vous.

ROSAURE.

Pour n'être pas remarquée, & pour la modestie, je prendrai mon voile.

FLORINDE.

Fort bien, allons.

ROSAURE.

En toutes choses il faut de la prudence.

FLORINDE.

Oui, allons ; vous allez être ma chere épouse.

ROSAURE bas.

Ce doux nom me fait venir une sueur froide.

Elle sort.

FLORINDE.

Rofaure vient, & Madame la modeftie refte à la maifon fans elle. *Il fort.*

SCENE VI.

Le Théatre repréfente la rue, avec la maifon du Docteur GERONTE.

GERONTE, *avec une lanterne.* OCTAVE.

GERONTE.

Monfieur Octave, vous m'apprenez-là une étrange nouvelle !

OCTAVE.

La chofe eft ainfi, Monfieur le Docteur. Monfieur Florinde & Mademoifelle Rofaure font d'accord entr'eux. Ils fe veulent époufer ; & felon ce que j'ai entendu dire à ce jeune étourdi, peut-être, ce foir même, font-ils le pâté des nôces.

GERONTE.

Je vous rends graces de l'avis. Je vais chez moi tout de fuite ; & j'aurai les yeux ouverts, je vous réponds.

OCTAVE.

Remarquez qu'on ouvre votre porte de la rue.

GERONTE.

Dites-vous la vérité ?

OCTAVE.

Il en fort deux perfonnes. C'eft Florinde avec
Rofaure, couverte de fon voile.

SCENE VII.

LES PRÉCEDENS, FLORINDE ET
ROSAURE *voilée fortent de la maifon du*
Docteur.

GERONTE.

AH, malheureufe! Ah, traître!

FLORINDE *à part.*

Nous fommes découverts. *Il quitte Rofaure.*

ROSAURE *à part.*

Ah Dieu, c'eft mon pere!

GERONTE.

Je t'ai donc découverte? O hypocrite, fcéle-
rate!

FLORINDE.

Maudit foit mon Précepteur! Il vaut mieux que
je me retire.. *Il s'en va.*

OCTAVE avec fon bâton fait tomber la lanterne
des mains du Docteur.

GERONTE.

Hola! qui m'a éteint ma lumiere? *Il court en*
tournant fur le Théatre.

OCTAVE *bas à* ROSAURE.

Venez avec moi, & n'ayez point de peur.

ROSAURE *bas.*

Qui êtes-vous ?

OCTAVE *bas.*

Je suis Octave, qui vous conduira chez Florinde.

ROSAURE *bas.*

Tout ce que vous voudrez, excepté de retourner chez mon pere. *Octave conduit Rosaure hors de la scène.*

GERONTE.

Monsieur Octave, où suis-je ? Je n'entends plus personne. Est-ce que tout le monde est parti ? Que veut dire cela ? Que dois-je croire ? Que dois-je penser ? Rosaure seroit-elle rentrée dans la maison, ou se seroit-elle échappée avec ce coquin ? Allons d'abord chez moi : si elle n'y est pas, je la chercherai, je la ferai chercher ; je la trouverai, & je la punirai. Pauvre pere ! Et l'honneur, & ma pauvre famille ! Maudite hypocrite ! *Il cherche sa maison à tâton, & il y entre.*

SCENE VIII.

Le Théatre repréfente une chambre dans la maifon
de PANCRACE.

COLOMBINE.

ON ne peut plus vivre dans cette maifon. La maîtreffe a perdu l'efprit. Le maître eft furieux ; & je dois m'attendre inceffamment à quelque gros orage , qui me tombera fur le dos. *Elle pleure.*

SCENE IX.

FLORINDE, COLOMBINE.

FLORINDE.

Colombine , qu'avez-vous à pleurer ?

COLOMBINE.

C'eft à votre fujet que je pleure.

FLORINDE.

À mon fujet ? Ma chere Colombine, quand je vous aime à l'excès , quand je fuis épris de la plus vive paffion pour vous ; pourquoi pleurer ? Pourquoi vous chagriner ?

COLOMBINE.

Ce font mes bracelets que je regrette.

FLORINDE.

FLORINDE.

Ne vous ai-je pas dit que je vous en donnerois de plus beaux ? Les voilà. Qu'en dites-vous ? Sont-ils plus beaux ? Vous plaisent-ils ? Les trouvez-vous plus pesans ? Sont-ils faits à la mode ?

COLOMBINE.

Très-jolis, très-jolis. Je vois maintenant que vous m'aimez.

FLORINDE.

Ah, si vous aviez autant d'amour pour moi, que j'en ressens pour vous !

COLOMBINE.

Fussiez-vous aussi sincére, que je suis incapable de vous tromper !

FLORINDE.

Prenez pour garant de ma sincérité ce tendre embrassement.

COLOMBINE.

Que voulez-vous que je fasse d'un embrasse-ment ?

FLORINDE.

Vous ne vous en contentez pas ?

COLOMBINE.

Non, Monsieur.

FLORINDE.

Voulez-vous quelque chose de plus ?

COLOMBINE.

Oui, Monsieur.

M

FLORINDE.

Et que fouhaitez-vous, ma chere enfant ?

COLOMBINE.

Que m'avez-vous dit aujourd'hui après dîner ?

FLORINDE.

Je ne m'en fouviens pas.

COLOMBINE.

Pouh, quelle mémoire ! Vous m'avez dit que vous m'auriez époufée.

FLORINDE.

Ah, oui ; cela eft vrai.

COLOMBINE.

Et maintenant, que dites-vous ?

FLORINDE.

Que je vous épouferai volontiers.

COLOMBINE.

Mais quand m'épouferez-vous ?

FLORINDE.

Tout à l'heure même, fi vous voulez.

COLOMBINE.

Ce n'eft pas une chofe qui puiffe fe faire fur l'heure, ce me femble.

FLORINDE.

Cela peut très - bien fe faire. Vous me donnez votre main, je vous donne la mienne. Vous m'engagez votre promeffe, je vous engage la mienne : & le mariage eft fait.

COLOMBINE.

Et puis il sera confirmé solemnellement ?

FLORINDE.

Oui, solemnellement. Voilà ma main.

COLOMBINE.

Voilà la mienne.

SCENE X.

LES PRECEDENS. BEATRIX
qui les observe.

FLORINDE.

JE promets d'être votre époux.

COLOMBINE.

Je promets d'être . . .

BEATRIX.

Que promets-tu, que promets-tu, coquine,
que tu es ? Malheureuse que tu es ! Et toi aussi,
misérable, tu veux faire un bel honneur à ta famille ! Tu veux épouser une servante ?

FLORINDE.

Oui, Madame.

BEATRIX à COLOMBINE.

Ote-toi vîte de mes yeux. Sors au plutôt de
cette maison.

COLOMBINE.

Madame, ayez pitié d'une pauvre infortunée.

BEATRIX.

Tu ne mérites pas de pitié! Sors de cette maiſon; & dans peu tu ſeras chaſſée de la Ville.

COLOMBINE.

Patience. Eh bien, je ſortirai ; j'irai me perdre. Et vous, Madame, vous ſerez la cauſe de ma perte. Oui, ma maîtreſſe, je le dis, les larmes aux yeux, le Ciel vous punira. *Elle s'en va.*

SCENE XI.

BEATRIX, FLORINDE.

BEATRIX *à* COLOMBINE.

INſolente! Si tu ne ſors pas.. *à* FLORINDE. Mon cher Florinde, je ne croirai jamais que tu y ayes penſé tout de bon.

FLORINDE.

Laiſſez-moi en repos.

BEATRIX.

Qu'as-tu ? Es-tu fâché ?

FLORINDE.

Laiſſez-moi, ne me rompez pas la tête.

BEATRIX.

Mais qu'as-tu ? Tu es en colére contre moi ?

FLORINDE.

Cette pauvre fille a raiſon. Vous avez paru bien

aife qu'elle fût mon amie , & maintenant vous la mettez dehors.

BEATRIX.

Oui , ton amie ; mais non pas ton époufe.

FLORINDE.

Epoufe ou amie , Colombine ne fera point congédiée.

BEATRIX.

Je veux qu'elle forte tout à l'heure.

FLORINDE.

Elle ne fortira pas, entendez-vous ? Elle ne fortira pas.

BEATRIX.

C'eft ainfi que tu parles à ta mére ?

FLORINDE.

Oh , prenez garde , vous me feriez peur !

BEATRIX.

Fripon, tu fçais que je te veux du bien , & c'eft pour cela que tu parles ainfi.

FLORINDE.

Que vous me vouliez du bien ou du mal , je ne m'en embarraffe guères. *Il fort.*

SCENE XII.

BEATRIX, PANCRACE.

BEATRIX.

O Ciel, mon fils, me traiter de cette façon ! Il perd le respect ; il n'a ni considération ni amour pour moi. Ah, cette indigne Colombine est cause de tout cela ! Elle a séduit mon pauvre fils ; elle l'a ensorcelé tout à fait.

PANCRACE entrant.

Qu'est-ce que c'est, Colombine pleure, & dit que vous lui avez donné son congé ?

BEATRIX.

La coquine ! Elle m'a volée.

PANCRACE.

Vous avez bien fait de la chasser, Et qu'a donc Florinde à frapper des pieds, & à s'arracher les cheveux ? Je lui ai même entendu dire entre les dents quelques petits mots très-peu honnêtes.

BEATRIX.

Je crois qu'il a mal aux dents.

PANCRACE.

Qu'il a mal aux dents ? Et moi je crois qu'il n'a de mal que dans la tête, & qu'il faudra, pour le guérir, que j'emploie le bâton.

BEATRIX.

Pourquoi ? Que vous a-t-il fait, le pauvre enfant ?

PANCRACE.

Ecoutez. On m'a dit tout à l'heure que Florinde avoit perdu cinquante écus dans une bisque,
& qu'il avoit acheté une paire de bracelets d'or.
Si tout cela est vrai, c'est lui certainement qui a
volé les trois cens écus.

BEATRIX.

Mauvaises langues , mon mari , mauvaises
langues. Mon fils n'est pas sorti aujourd'hui de la
maison. Toute la journée & tout le soir il a été
à étudier dans ma chambre , & voila pourquoi je
crois que la tête & les dents lui font mal.

PANCRACE.

Cela suffit. Nous tirerons cela au clair. Où est
le Précepteur , qu'on ne le voit point.

BEATRIX.

Il travaille & fait travailler Florinde. C'est
Lélio qui est le fripon. C'est lui qui a dérobé les
trois cens écus.

PANCRACE.

Pour le moment je ne puis rien dire: mais on
m'a conté de belles choses de Florinde ; & si elles
font vraies , nous rirons bien.

BEATRIX.

Florinde est le meilleur fils du monde.

M iv

PANCRACE.

S'il est bon, tant mieux pour lui. Si Lélio est un coquin, il en portera la peine. J'ai parlé à un Capitaine de vaisseaux, qui est à la voile. Dès que j'aurai bien éclairci lequel des deux est coupable, je le fais aussi-tôt embarquer, & je l'envoye au loin.

BEATRIX.

Florinde ne partira pas, certainement.

PANCRACE.

Mais pourquoi ne partiroit-il pas ?

BEATRIX.

C'est qu'il est honnête garçon.

PANCRACE.

Je prie le Ciel que vous disiez vrai.

─────────────────

SCENE XIII.

TRASTULLE, LES PRÉCÉDENS.

TRASTULLE.

AH, Monsieur ! Ah, Madame ! Vîte, vîte, ne perdons point de tems.

BEATRIX.

Qu'est-ce ?

TRASTULLE.

Monsieur Florinde.

PANCRACE.

Qu'a-t-il fait ?

BEATRIX.

Où a-t-il été ?

TRASTULLE.

Il a emmené Colombine.

PANCRACE.

Ah le fripon ! Et c'est là son mal aux dents?

BEATRIX.

Cela ne sera point vrai.

TRASTULLE.

Et il ne s'est pas contenté d'enlever Colombine.

BEATRIX.

Va-t'en au plus vîte.

PANCRACE.

Qu'a-t'il fait encore ?

TRASTULLE.

Il a emporté l'écrain des bijoux de Madame.

BEATRIX.

Ah, Ciel ! Je suis assassinée.

PANCRACE.

C'est votre faute. Vîte, Trastulle, va. Fais-le arrêter. *Trastulle sort.*

BEATRIX.

Quoi ! mon fils ira en prison ! Ohi ! ohi ! Je n'en puis plus.

PANCRACE.

Cela vous apprendra votre devoir. Vous êtes la cause de tout. Vous l'avez conduit au préci-

pice. Vous en avez fait un voleur, un vaurien.
Il sort.

BEATRIX.

Ma tendresse pour cet indigne fils aura donc
été inutile ? Il sera coupable ? J'aurai donc perdu
pour lui mes bijoux, mon repos, & quasi la
vie ? Ah, fils ingrat ! Ah, fils insensible &
cruel !

SCENE XIV.

*Le Théâtre représente un endroit écarté. Il fait
nuit & clair de lune.*

OCTAVE & ROSAURE.

ROSAURE.

MAis où est Florinde ? Nous ne l'avons pas
encore trouvé.

OCTAVE.

Etes-vous si pressée de retrouver Florinde ?

ROSAURE.

Si je suis pressée ? Jugez en vous-même.

OCTAVE.

Mais d'où naît votre impatience ? De l'amour ?

ROSAURE.

De l'amour, du péril où je suis, & de l'espérance

que j'ai de réparer par le mariage la perte de mon honneur.

OCTAVE.

Pour réparer votre honneur, vous auriez un autre reméde, sans recourir à Florinde.

ROSAURE.

Et lequel ?

OCTAVE.

Un autre mariage.

ROSAURE.

Avec qui ?

OCTAVE.

Avec un de vos serviteurs.

ROSAURE.

Avec vous ?

OCTAVE.

Oui, ma chere, avec moi.

ROSAURE.

Pour l'amour de Dieu, retrouvons le Seigneur Florinde.

OCTAVE.

Vous me méprisez, vous ne me voulez pas ? Il est vrai que je suis d'un âge un peu avancé, & que je ne suis pas riche. Mais je suis un homme de bien, & cela devroit vous suffire.

ROSAURE.

Eh, Monsieur Octave, nous nous connoissons.

Vantez votre probité à des gens crédules, & non pas à moi, qui en fçais autant que vous.

OCTAVE.

Si vous en fçavez autant que moi, nous ferons donc enfemble un excellent mariage.

ROSAURE.

Eh bien, comme j'en fçais auffi long que vous, je vous dirai que fi vous cherchez une jeune époufe, je ne veux point de vieux mari.

OCTAVE.

L'homme n'eft jamais vieux.

ROSAURE.

C'eft ce que difent les hommes, mais non pas les femmes.

OCTAVE.

Et comment fçavez-vous fi bièn parler fur cette matiere ?

ROSAURE.

C'eft le fruit de vos leçons.

OCTAVE.

Vous êtes donc obligée de récompenfer votre maître.

ROSAURE.

Comment ?

OCTAVE.

En m'époufant.

ROSAURE.

Mourir plutôt que devenir votre femme.

OCTAVE.

Vous vous appaiferez.

SCENE XV.

LES PRECEDENS, FLORINDE & COLOM-
BINE, *fe tenant par la main.*

COLOMBINE à *Florinde.*

M Ais où allons-nous ?

FLORINDE.

Nous nous arrêterons dans une auberge, & demain nous fortirons de la Ville.

ROSAURE.

O Ciel ! c'eft Florinde.

OCTAVE.

Comment diable, Florinde avec une autre
fille ? Je ne puis la reconnoître au clair de Lune

COLOMBINE.

Je fuis toute tremblante.

FLORINDE.

Ma chere amie, ne craignez rien.

ROSAURE.

Traître, je vous ai enfin trouvé. *Elle prend Flo-*
rinde par la main.

Ah Dieu !

COLOMBINE.

Qui eſt celle-là ?

FLORINDE.

Je n'en ſçais rien. Qui êtes-vous ?

ROSAURE.

Perfide, je ſuis Roſaure, que tu as enlevée.

COLOMBINE.

Que je ſuis malheureuſe ! Qu'entends-je ?

OCTAVE à part.

Entre deux concurrens, un troiſième peut l'emporter.

SCENE XVI.

LES PRECEDENS. PANCRACE, accompagné de gens armés, avec des flambeaux.

PANCRACE.

ARrête, malheureux ! Avec deux filles ! Et quelle eſt cette autre ? Mademoiſelle Roſaure. Comment ! Cette prude ! Cette dévote ! à Colombine. Et toi, coquine, auſſi t'évader avec mon fils ? Où ſont les bijoux ? Ah, voleur infâme, fils ſcélérat, tu m'auras auſſi volé les 300 écus ? Et vous, Monſieur Octave, que faites-vous-là ?

OCTAVE.

J'allois ſur les traces de ce pauvre miſérable,

je le cherchois pour le ramener à la maison.

FLORINDE.

Ne l'en croyez pas...

PANCRACE.

Doucement là. *Aux hommes armés.* Mes amis,
je me recommande à vous. Il faut conduire tout ce
monde là chez moi ; je vous aiderai. Mais puisque la fille du Seigneur Géronte est de la partie,
& que nous sommes plus voisins de sa maison que
de la mienne, conduisons-les chez lui. Hola, arrêtez, ne bougez pas. S'ils font mine de vouloir
fuir, tirez, & tuez les. *à Octave.* Vous aussi,
Monsieur, vous viendrez aussi avec nous.

OCTAVE.

Moi ! Comment, j'entrerai dans cette maison?

PANCRACE.

Vous verrez, si vous y entrerez. *Aux gens armés.* S'ils ne veulent pas marcher de bon gré,
traînez-les par force chez le Seigneur Géronte.
Allez, je vous suis.

OCTAVE.

Je suis innocent, je suis innocent. *Ils sortent
tous ensemble, entourés de gens armés.*

SCENE XVII.

PANCRACE, *seul.*

O quelle race ! Quels enfans ! Qui l'auroit jamais dit, que Florinde fût auſſi méchant, auſſi corrompu ! Pauvres peres de famille ! Tant de fatigues, tant de peines, tant de ſueurs & d'attentions pour bien élever des enfans, & tout cela eſt inutile !

SCENE XVIII.

Le Théatre repréſente une chambre dans la maiſon du Docteur, avec des lumiéres.

GERONTE, LELIO.

GERONTE.

AH, Monſieur Lélio, je ſuis inconſolable.

LELIO.

Mon frere auroit commis une action auſſi indigne ?

GERONTE.

Cela n'eſt que trop vrai. Il m'aſſaſſine.

LELIO.

Et Mademoiſelle Roſaure s'eſt laiſſée ſéduire ?

GERONTE.

(193)

GERONTE.

Je n'aurois jamais cru pareille chose.

LELIO.

Elle étoit si sage, si modeste.

GERONTE.

Je la croyois innocente comme une colombe.

LELIO.

Oh, pour moi, je n'ai pas grande foi à ces torticolis.

GERONTE.

Monsieur Pancrace & moi, nous avions déjà parlé de vous la donner en mariage.

LELIO.

A moi, Mademoiselle Rosaure ? Oh ce n'est pas mon fait.

GERONTE.

Pour quelle raison ?

LELIO.

C'est que je veux une bonne femme ; mais qui ne soit pas dévote.

GERONTE.

Peut-être ne daigneriez-vous pas vous apparenter avec ma fille ?

LELIO.

Je le souhaiterois si fort, je le regarderois tellement comme un honneur, que si mon pere l'agréoit, & que vous le voulussiez bien, je

N

vous supplierois de m'accorder Mademoiselle
Eléonore.

GERONTE.

Vous l'avez donc vûe ? Et vous a-t-elle plu ?

LELIO.

Je l'ai vûe plusieurs fois, & j'ai toujours eu de
l'estime pour elle.

GERONTE.

Ecoutez-moi, mon fils : si vous êtes innocent
du vol des trois cens écus, il faut espérer que
votre pere ne vous refusera pas cette satisfaction.
Pour moi, j'en ferai plus que content ; & ce me
sera une consolation pour le chagrin que j'éprouve
de l'égarement de la malheureuse Rosaure.

LELIO.

Je vous proteste que je suis innocent ; & j'espere, qu'incessamment on découvrira mon innocence, & le crime d'autrui.

GERONTE.

Qu'est-ce que ce bruit ?

SCENE XIX.

ELEONORE, LES PRECEDENS.

ELEONORE.

MOn pere, le Seigneur Pancrace eſt ici ; il
veut vous parler.

GERONTE.

Le Seigneur Pancrace ? Mais qui eſt donc tout
ce monde qui monte l'eſcalier ?

ELEONORE.

Je ne ſçais : ſans doute que ces gens-là ſont ve-
nus avec lui.

SCENE XX.

PANCRACE, LES PRECEDENS.

PANCRACE *du dedans.*

PEut-on entrer ?

GERONTE.

Arrivez, vous êtes le maître.

LELIO *à* ELEONORE.

Votre ſerviteur, Mademoiſelle.

ELEONORE.

Je vous ſalue... *Elle s'en va.*

N ij

LELIO.

Comme elle est sage & modeste !

PANCRACE.

Je suis ici, Seigneur Géronte, avec un train bien nouveau.

GERONTE.

Mais quel est tout ce monde qui est dans la salle ?

PANCRACE.

Je vous dirai tout. Attendez que ...

GERONTE.

Sçavez-vous des nouvelles de ma fille ?

PANCRACE.

Tout à l'heure, tout à l'heure, vous sçaurez tout. Souffrez auparavant que je parle à mon fils.

GERONTE.

Dites-moi ce qui en est de ma fille.

PANCRACE.

Ayez un peu de patience, si vous voulez. Console-toi, mon fils, tu es innocent; je suis fâché du chagrin & de la peine que tu as eus ; mais l'amitié de ton pere t'en dédommagera par autant de consolations.

LELIO.

Mon cher pere, votre amitié est une riche compensation de tout ce que j'ai souffert avec patience.

PANCRACE.

Pauvre fils ! Combien je suis fâché !..

GERONTE.

Eh, par charité ; ma fille est-elle

PANCRACE.

Oui, elle est retrouvée.

GERONTE.

Où ? Vîte, où est-elle ?

PANCRACE.

Elle est là-bas dans la salle.

GERONTE.

L'indigne ! Oh, je sçaurai la punir … *Il veut s'en aller.*

PANCRACE.

Ecoutez, vous dis-je : je l'ai trouvée, je l'ai fait arrêter. Mon fils étoit le ravisseur ; & c'est à moi de vous faire satisfaction de cet affront.

GERONTE.

Ah, Seigneur Pancrace, vous me consolez. Faites à présent tout ce que vous croirez bien fait. Je m'en remets en tout & pour tout à votre jugement ; & je vous promets & vous jure de ne pas ouvrir la bouche sur tout ce que votre prudence aura ordonné.

PANCRACE.

Et toi, Lélio, avoueras-tu aussi tout ce que fera ton pere par rapport à toi ?

N iij

Lelio.

Je ferois bien imprudent de ne pas approuver
tout ce que mon pere peut faire à mon égard.

Pancrace.

Fort bien, tu me fais plaifir. Hola, mes amis,
avancez.

Geronte.

Ce font des Sbirres?

Pancrace.

Non, ce ne font pas des Sbirres : ce font d'honnêtes gens, qui m'ont prêté leur fecours par zéle
& par amitié. Je n'ai pas voulu réclamer le bras
de la juftice ; parce que vis-à-vis de fes enfans, un
pere, s'il a de la prudence & du bon fens, doit
exercer les fonctions de juge, & les châtier.

SCENE XXI.

LES PRECEDENS. ROSAURE, FLORINDE,
OCTAVE, COLOMBINE. *Des gens armés.*

Geronte à Rosaure.

AH, malheureufe, te voilà? Eh !

Pancrace.

Doucement, arrêtez ; & rappellez-vous votre
promeffe.

Geronte.

Oui, faites à *Rofaure*, Hypocrite, diffimulée,

menteufe !

PANCRACE.

Mademoifelle Rofaure , Monfieur votre pere s'eft dépouillé de fon autorité, pour me la con-fier. Je fuis donc à préfent votre pere, & en même tems votre juge. C'eft à moi de difpofer de votre perfonne, & de vous punir d'une faute qui deshonore votre famille. Tu vois auffi ton pere & ton juge , fils indigne ! Te voilà coupable de plufieurs crimes, convaincu d'avoir mené une vie honteufe & fcandaleufe ; d'avoir volé trois cens écus ; d'avoir tiré une fille d'honnête famille de la maifon paternelle ; & d'avoir enfin féduit en même tems une pauvre fervante.

A ROSAURE & à FLORINDE.

Eh bien, Monfieur & Mademoifelle , où en êtes vous ?

FLORINDE.

Je ne vous entends pas.

ROSAURE.

Je ne vous comprends pas.

PANCRACE.

Les pauvres innocens ! Je vais parler plus clai-rement : quel engagement y a-t-il entre vous deux ?

Vous êtes-vous donné de fimples promeffes ? Vous êtes-vous époufés ? Etes-vous mariés, en un mot ? ou qu'êtes-vous ?

FLORINDE.

J'ai promis d'époufer Mademoifelle.

COLOMBINE.

Il m'a promis auffi de m'époufer , moi.

PANCRACE.

Tais toi, tu feras bien ; & remercie Dieu d'avoir à faire à un homme jufte , qui trouvera les moyens de réparer les torts qu'on t'aura faits. *à Rofaure.* Il y a donc une promeffe de mariage entre vous ?

ROSAURE.

Oui , Monfieur.

PANCRACE.

Vous avez donné votre parole : vous vous êtes échappée de la maifon paternelle: l'honneur en eft bleffé ; il faut le réparer , & vous marier enfemble. Géronte , approuvez-vous la prom ffe de votre fille , & la ratifiez vous par votre confentement ?

GERONTE.

Oui. En faites-vous autant ?

PANCRACE.

Et moi je donne ma parole au nom de Florinde. Nous drefferons le contrat entre nous ; dans un tems plus commode.

ROSAURE.

Cette punition ne m'afflige point.

GERONTE.

Mais eſt-ce là le châtiment que vous ordonnez en qualité de pere & de juge ?

PANCRACE.

Attendez, c'eſt maintenant le bon du jeu. Eh bien, vous êtes engagés ſolemnellement ; & vous ſerez un jour mari & femme. Mais ſi votre mariage s'effectuoit aujourd'hui, vous auriez, non la peine, mais la récompenſe de vos fautes ; & de l'union de deux perſonnes ſans cervelle, il ne proviendroit que des fruits auſſi mauvais que l'arbre qui les auroit produits. Il vous plaira d'attendre quatre ans avant de penſer aux nôces ;& durant cette intervalle, Florinde ira ſur un vaiſſeau, qui eſt prêt à partir, & ſur lequel j'avois réſolu d'embarquer celui de mes fils qui ſe trouveroit coupable. Mademoiſelle Roſaure retournera à la campagne, où elle a été ſi long-tems enfermée ſous bonne garde.

ROSAURE.

Quatre ans ?

PANCRACE.

Oui, Mademoiſelle, quatre ans.

FLORINDE.

C'eſt un châtiment trop cruel.

PANCRACE.

Si ma ſentence ne te plaît pas, tu ſubiras celle

d'un juge plus févere.

ROSAURE.

Mais je ne veux plus retourner chez ma tante.

PANCRACE,

Seigneur Géronte, fçais-je bien tenir la place d'un pere ?

GERONTE.

Oui , avec toute l'autorité convenable.

PANCRACE.

Allons donc. *Aux gens armés* : mettez-la de gré ou de force dans une chaife, & conduifez-la chez fa tante , afin qu'on y exécute mes décrets.

ROSAURE.

Eh bien, patience! J'irai, puifque le Ciel l'or-donne.

OCTAVE.

Allez, ma fille, allez-y de bon cœur ; fuppor-tez avec courage cette mortification. J'irai quel-quefois vous voir.

ROSAURE.

N'approchez jamais de moi ; & plût au Ciel que je ne vous euffe jamais connu.

PANCRACE,

Comment, comment ? C'eft peut-être lui qui vous a féduite?

ROSAURE.

J'étois avec ma tante, vivant en paix, heu-

reufe & tranquille, quand il eſt venu avec ſes dou-
cereuſes paroles, & ſes manieres trompeuſes, me
gâter l'eſprit, me donner du goût pour le monde,
& de l'averſion pour la ſolitude. C'eſt par ſes ſug-
geſtions, que j'ai tourmenté mon pere, juſqu'à ce
qu'il me rappellât dans ſa maiſon. Ses diſcours
m'ont infatuée du mariage. C'eſt lui qui m'a fait
connoître Monſieur Florinde, & qui m'a mis cette
nuit ſur le point de me perdre pour toûjours. Patience ! Je veux bien aller m'enfermer dans une
chambre ; mais il n'eſt pas juſte qu'on laiſſe impuni
ce perfide ſéducteur, cet indigne & miſérable impoſteur.

OCTAVE.

On me calomnie. Patience !

FLORINDE.

Non, non, il ne convient pas, que tandis que
nous ſerons punis, ce traître chante victoire. C'eſt
lui, qui au lieu de me donner de bonnes leçons,
m'enſeignoit à écrire des lettres galantes. C'eſt lui
qui m'a mené jouer, qui m'a introduit chez ces
Demoiſelles, qui m'a aidé à voler les trois cens
écus, & la cendre qu'on a trouvée à la place de
l'argent, eſt de ſon invention.

OCTAVE.

On me calomnie. Patience !

COLOMBINE.

Et moi pauvre misérable, c'est à lui que je
suis redevable de mon malheur. Il m'a conseillé
d'épouser Monsieur Florinde ; & pour prix de ce
bon conseil, il m'a excroqué mes bracelets d'or.

OCTAVE.

Patience !...

PANCRACE.

Patience, dit ce fripon. Méchant & scélérat
que vous êtes ; je ne puis pas faire justice de vous,
parce que je ne suis pas votre pere. Allez à votre
juge, il vous traitera comme vous le méritez.

SCENE XXII.

TRASTULLE, LES PRECEDENS.

TRASTULLE.

MOnsieur mon maître, un mot.

PANCRACE.

Qu'est-ce ?

GERONTE.

Qu'y a-t-il de nouveau ?

TRASTULLE.

Les Sbirres sont là, si vous en avez besoin.

GERONTE.

Où sont-ils?

TRASTULLE.

Ils font dans la rue.

GERONTE *à* TRASTULLE.

Venez avec moi : *à Pancrace.* Je reviens tout à l'heure. *Il fort.*

OCTAVE *à part.*

Il me paroît que le tems s'obfcurcit de plus en plus.

PANCRACE.

Se peut-il trouver un homme plus indigne & plus fcélérat que vous ? Je vous confie mes deux enfans, & vous me les perdez. Le pauvre Lélio eft maltraité, calomnié ; Florinde féduit & perverti : où eft-ce que vous avez votre confcience ?

SCENE XXIII.

GERONTE, LES PRECEDENS.

GERONTE.

SEigneur Octave, faites-moi la grace de fortir de cette maifon.

OCTAVE.

Mais, Seigneur, eft-ce ainfi que vous me chaffez ? Je fuis un galant-homme.

GERONTE.

Vous êtes un tartuffe ; vous êtes un fripon. Sortez-moi d'ici tout à l'heure.

OCTAVE.

Je vous dis, Monsieur, de parler plus poli-
ment.

GERONTE.

Seigneur Pancrace, faites-moi le plaisir de dire
à vos gens qu'ils le mettent dehors par force.

PANCRACE.

Oui, fort bien; faites-le moi sortir d'ici. Au lieu
de descendre par l'escalier, il mériteroit d'être
jetté par les fenêtres.

OCTAVE.

Non, non, ne prenez pas cette peine. Je m'en
irai, je m'en irai. *à part.* Il me semble que j'ai
les galéres sur le dos : c'est la fin ordinaire des
gens qui menent une vie semblable à la mienne.

PANCRACE.

Je suis fâché que ce coquin demeure impuni.

SCÈNE XXIV.

TRASTULLE, LES PRÉCÉDENS.

LE coup est fait. Monsieur le Précepteur est en cage.

GERONTE.
Ne vous l'ai-je pas dit ?

PANCRACE.
Qu'a dit le Sergent ?

TRASTULLE.
Dès qu'il l'a vû, il s'est mis à rire. Il le connoît bien. Car il l'avoit, dit-il, déjà employé & payé comme espion ; mais il n'en a plus voulu, parce qu'il ne sçavoit pas faire ce métier ; de sorte que M. Octave est en discrédit à la police, & qu'il sera certainement banni pour ses beaux faits.

GERONTE.
Il l'a bien mérité.

PANCRACE.
Voyez quelle espèce d'homme j'avois chez moi ! Pauvres enfans ! Pauvre pere ! Mais finissons notre opération. Allons, Mademoiselle Rosaure, partez, & faites un bon voyage.

ROSAURE à Géronte.
Mon pere, que dites-vous à cela ?

GERONTE.

Va-t-en , je ne t'écoute pas.

ROSAURE.

Et vous aurez le cœur de me laisser partir , sans que je vous aye baisé la main ?

GERONTE.

Tu ne mérites pas cette grace.

ROSAURE.

Eh bien , que je voye au moins ma sœur avant de partir.

GERONTE.

Seigneur Pancrace , voulez-vous que nous lui donnions cette consolation ?

PANCRACE.

Pourquoi non ? Cela peut s'accorder.

GERONTE.

Eléonore.

SCENE XXV.

ELEONORE, LES PRECEDENS.

ELEONORE.

ME voici.

GERONTE.

Ta sœur voudroit te dire adieu.

ROSAURE.

ROSAURE.

Ma très-chère sœur.

ELEONORE.

Eh oui, ma chère sœur : Il n'est plus tems de faire le torticolis.

ROSAURE.

Ayez de la conduite.

ELEONORE.

Ayez-en vous-même, qui en avez plus besoin que moi.

ROSAURE.

Je retourne dans ma retraite.

ELEONORE.

Et moi je reste dans la maison paternelle.

ROSAURE.

Je vais mener une vie plus régulière.

ELEONORE.

Et moi je continuerai celle que je menois auparavant.

ROSAURE.

On est fort heureux de vivre chez ma tante, quand on a un bon esprit

ELEONORE.

Et quand on l'a bon, on vit également bien chez soi.

ROSAURE.

Mais il ne faut pas avoir des intrigues,

O

ELEONORE.

Les intrigues font tort en quelque lieu qu'on foit.

ROSAURE.

Adieu , ma fœur.

ELEONORE.

Adieu , Rofaure , adieu.

ROSAURE.

Seigneur Florinde...*A Pancrace*: Puis-je faluer mon époux ?

PANCRACE.

Oh , Mademoifelle , oui , faluez-le.

ROSAURE.

Adieu , mon cher.

FLORINDE.

Pauvre Rofaure ! adieu.

ROSAURE.

Quelles triftes époufailles ! *Elle part avec une efcorte.*

PANCRACE *à Florinde.*

Dépêchez-vous ; le vaiffeau vous attend.

FLORINDE.

Mon cher pere.

PANCRACE.

Il n'y a plus de pere ni de mere qui tienne. Allez à bord, & je vous enverrai ce qui vous eft néceffaire.

FLORINDE.

Patience. Maudits vices , & maudit foit le maître qui me les a donnés ! Ah ! Pourquoi ma mere me les a-t-elle paffés ? Elle eft caufe de ma perte.

SCENE DERNIERE.

BEATRIX, LES PRECEDENS, enfuite ARLEQUIN.

BEATRIX.

Eſt-il là , mon fils ? Eſt-il ici ?

PANCRACE.

Oui, Madame. Vous arrivez fort à propos pour entendre comme il fe loue de vous.

BEATRIX.

Es-tu bien repentant ? Veux-tu me demander pardon ?

FLORINDE.

Quel pardon ? De quoi voulez-vous que je vous faffe des excufes ? De tout le mal que vous m'avez laiffé faire ? Je connois maintenant l'amour que vous avez eu pour moi. Je comprends que je me fuis perdu par votre faute. Voilà ce que c'eft de ne m'avoir jamais fait la moindre correction , de ne m'avoir pas grondé une feule fois. Je

vais fur un vaiſſeau, vous ne me verrez plus ; &
s'il vous en coûte de vous priver de moi, & qu'il
vous faille de la compagnie, je vous laiſſe à ma
place le remords éternel d'avoir perdu votre fils
par un amour aveugle. *Il ſort avec des gens armés.*

PANCRACE.

Avalez ce firop.

BEATRIX.

Ah oui, je fuis coupable, je l'avoue. Mais ſi
mon crime vient d'une tendreſſe exceſſive, de-
vois-je me la voir reprocher par ce fils même que
j'ai trop aimé ?

PANCRACE.

Cela doit être ainſi Les enfans font les pre-
miers à ſçavoir mauvais gré à leurs parens de la
mauvaiſe éducation qu'ils en ont reçûe.

BEATRIX.

Mais ſi mon propre fils me traite ainſi, quel
traitement dois-je attendre de Lélio qui n'eſt que
mon beau-fils ?

LELIO.

Lélio vous aſſure que ſi vous avez de bonnes
façons pour lui, il aura toujours de l'eſtime & du
reſpect pour vous.

BEATRIX.

Et mon époux, que dit-il ?

PANCRACE.

Votre époux dit que si vous avez du bon sens, ce sera tant mieux pour vous.

BEATRIX.

Et moi, je vous proteste que si mon fils n'est plus dans la maison, je ne veux plus y rentrer.

PANCRACE.

Bon voyage donc.

BEATRIX.

Mais ma dot ?

PANCRACE.

Elle sera prête.

BEATRIX.

J'irai vivre avec mes parens.

PANCRACE.

Vous en serez mieux, & moi aussi.

BEATRIX.

Cela suffit. Nous en parlerons.

PANCRACE.

Fort bien ; quand vous voudrez. Mais pour terminer le tout ensemble heureusement, Seigneur Géronte, nous pourrions faire une autre chose.

GERONTE.

Dites. Vous êtes le maître de tout.

PANCRACE.

N'avez-vous pas dit que vous donneriez une de vos filles à mon fils ?

Géronte est content. Je suis consolé. Ma femme s'est punie elle-même. J'espere donc que le monde, instruit de ma conduite, dira que je n'ai pas manqué à mes devoirs, & que je suis un bon pere de famille.

Fin de la Comédie.

www.ingramcontent.com/pod-product-compliance
Lightning Source LLC
Chambersburg PA
CBHW060026100426
42740CB00010B/1604